国家中等职业学校示范建设课程改革创新系列教材

供护理专业（老年护理方向）使用

老年心理护理基础

主　编　胡勤勇　周晓渝

副主编　朱喜祥

编　者　（按姓氏汉语拼音排序）

胡勤勇　罗　佳　罗　滢

王成麟　周晓渝　朱喜祥

科学出版社

北　京

内 容 简 介

全书共五个模块，以任务和训练的形式为主线。在第一模块中介绍了心理学的部分基础知识，让学生对心理学有所了解；第二模块则是介绍了影响老人心理健康状况的一些客观因素，让学生了解老人的心理状况为什么会与年轻人有差异；第三模块则是重点针对老人常见的心理问题进行案例的分析与操作，让学生在情景中可以模拟训练，并附有评价标准，方便教师对学生进行评价；第四模块则是向学生介绍临终关怀，接受死亡教育，培养学生的爱心；第五模块作为学生实操训练来编写，主要是心理护理技能的训练，包括场景沟通训练与肢体安抚技能训练。这一模块是本书的亮点，突破了心理护理在技术上的瓶颈，大大提高了实用性。

图书在版编目(CIP)数据

老年心理护理基础 / 胡勤勇，周晓渝主编．— 北京：科学出版社，2014.5

国家中等职业学校示范建设课程改革创新系列教材

ISBN 978-7-03-040386-5

Ⅰ. 老…　Ⅱ. ①胡…　②周…　Ⅲ. 老年人 - 护理学 - 医学心理学 - 高等职业教育 - 教材　Ⅳ. R471

中国版本图书馆 CIP 数据核字（2014）第 070572 号

责任编辑：丁海燕 / 责任校对：桂伟利

责任印制：徐晓晨 / 封面设计：范璧合

科 学 出 版 社 出版

北京东黄城根北街 16 号

邮政编码：100717

http://www.sciencep.com

北京盛通商印快线网络科技有限公司 印刷

科学出版社发行　各地新华书店经销

*

2014 年 5 月第　一　版　开本：787 × 1092　1/16

2020 年 6 月第五次印刷　印张：6 3/4

字数：129 000

定价：36.80 元

（如有印装质量问题，我社负责调换）

前　言

重庆市渝中职业教育中心是国家中等职业教育改革发展示范学校建设单位。为了培养具有良好职业道德、丰富文化知识、熟练职业技能等综合职业能力的高素质劳动者和技能型人才，学校各项目组深入护理行业进行调研，认真分析了护理专业（老年护理方向）的典型工作任务，初步构建了本专业的课程体系，制订了相应的课程标准，并根据课程标准编写了本教材。

本校的护理专业（老年护理方向）构建了“两统一，一贯穿”的人才培养模式；致力于培养适应社会发展需要的，具有护理职业岗位所需的基础知识和专业技能的，能在医院、社区和养老院等机构运用护理程序进行防、护、保、康服务的技术型、应用型护理人才；在教学过程中增加“能力本位教学”、“模块教学”、“任务教学”等模式，以强化教材的针对性、实用性和职业性。

本教材以《老年心理护理基础》课程标准为依据，按照模块教学法，分五个模块进行编写，包括走进老年心理护理、认识老年人、老年人常见心理问题及其健康维护、临终关怀、心理护理技能训练。

由于编者水平有限，经验不足，难免存在疏漏之处，恳请专家、同行及使用本教材的老师和同学给予批评指正。

编　者

2013 年 12 月

目　　录

模块一　走进老年心理护理

学习目标

1. 了解老年心理护理的基本构架
2. 熟悉老年人的基本心理活动
3. 熟悉情绪调控的方法
4. 掌握基本的观察方法

在生活节奏不断加快、人际关系日益复杂、社会竞争异常激烈的今天，作为护理工作者，在护理全过程中，通过各种方式和途径（包括主动运用心理学的理论和技能）积极地影响患者的心理，以达到较理想的护理目的。

课题一　关注老年人心理健康

课前链接

2010年年初，南方某省一名60多岁备受孤独折磨的空巢老汉，为让外出打工的儿子回到自己身边，竟将其子告上法庭，在法庭多次调解未果的情况下，一时冲动怀揣雷管自爆于法庭之上。这场令人痛心的悲剧，引起了人们对老年人心理健康的关注。

一、心理健康的标准

心理健康的标准至今尚无统一的模式，由于受时代、民族、文化等因素的制约，以及人们的心理健康水平的动态变化，故心理健康的标准是相对的。

我国著名心理学家郭念锋先生提出了评估心理健康水平的10条标准。

1. 心理活动强度　指对突发精神刺激的抵抗能力。一种强烈的精神打击出现在抵抗力低的人往往容易遗留下后患，可能因为一次精神刺激而导致反应性精神病或癔症，而抵抗力强的人虽有反应但不会致病。

2. 心理活动耐受力 指长期经受慢性精神刺激的能力称为心理活动耐受力。耐受力差的人，会在这种慢性精神折磨下出现心理异常、人格改变、精神不振，甚至出现严重躯体疾病。耐受力强的人虽然也体验到了这种慢性精神刺激带来的痛苦，但不会在精神上出现严重问题。

3. 周期节律性 指心理活动在形式和效率上都有着自己内在的节律性。比如白天思维清晰，注意力好，适于工作；晚上能进入睡眠，养精蓄锐，以便第二天很好地工作。如果一个人每到晚上就睡不着觉，那表明他的心理活动的固有节律已经紊乱。

4. 意识水平 指精神活动的专注水平，以注意力品质作为指标。如果一个人不能专注于某种工作、不能专注于思考问题，思想经常开小差或者因注意力分散而出现工作上的差错，就有可能存在心理健康方面的问题了。

5. 暗示性 指一个人的思想和情绪是否容易受到他人或自我的影响。易受暗示的人，他们的情绪和思维很容易随环境变化，有时表现为意志力薄弱，他们的精神活动具有不太稳定的特点。

6. 康复能力 指从创伤刺激中恢复到往常水平的能力。由于人们各自的认识能力不同、人们各自的经验不同，从一次打击中恢复过来所需要的时间也会有所不同、恢复的程度也有差别。

7. 心理自控力 指对情绪表达、思维过程及行为方式的自我调控能力。情绪的强度、情感的表达、思维的方向和过程都是在人的自觉控制下实现的。当一个人身心十分健康时，他的心理活动会灵活自如，情感的表达恰如其分、辞令通畅、仪态大方，行为既不拘谨也不放肆。

8. 自信心 指正确自我认知的能力。一个人是否有恰当的自信心是精神健康的一种标准。自信心可以在生活实践中逐步锻炼提高。

9. 社会交往 指正常社会接触、人际交往的能力。当一个人严重地、毫无理由地与亲友断绝来往，或者变得十分冷漠时，或者处于一种躁狂状态，这就构成了精神病。

10. 环境适应能力 指面对变化的环境条件，应对自我完善和完善的能力。这里的环境是指人的生存环境，包括工作环境、生活环境、工作性质、人际关系等。人不仅能适应环境，而且可以通过实践和认识去改造环境。当生活环境条件突然变化时，一个人能否很快地采取各种办法去适应，并以此保持心理平衡，往往标志着一个人心理活动的健康水平。

人的心理健康可以分为不同的层次，低层次的心理健康主要是指没有心理疾病，高层次的心理健康不仅指没有心理疾病，而且指能充分发展其身心潜能的丰富状态。心理健康既是一种状态，也是一个过程。心理健康不是指没有失败、没有烦恼、没有焦虑、没有痛苦，而是指能在这些情境中有效调整自己，不影响正常的工作、学习和生活。心理健康是在较长一段时间内持续的心理状态，因此，判断一个人的心理健康状况，不能简单地根据一时一事下结论，偶尔出现一些不健康的行为和心理，并不意味着患有心理疾病。

二、老年护理行业从业人员应具备的素质

（一）职业道德素质

从事老年护理专业的护士应该充分理解老年人渴望得到理解和关心的心理特点。

1. 尊重老年人的人格　患有精神病老年人的不幸和痛苦是有目共睹的，他们生活不能自理，亲友疏远。在临床工作中面对某些老年人的怪异思维、敌视、谩骂、淡漠等病态表现，护理人员不可以此为谈资，贬低、羞辱老年人，而应同情、理解、尊重、关心、保护老年人。

2. 保护老年人的隐私　护士在采集老年人的病史资料和临床诊疗过程中，应恪守保护性医疗制度的原则，对老年人的生活隐私、病情资料严格保密。

3. 具有“慎独”精神　护士的工作独立性很强，经常要单独处理问题，同时完成大量的护理操作。精神科护士尤其需要“慎独”精神。

（二）专业素质

1. 掌握专业知识　护士不仅要具备精神病学知识和一般医学、护理学的专业理论知识，还应具备心理学、社会学、伦理学、人际沟通学、美学、行为学、哲学、法律等人文和社会科学知识。

2. 娴熟运用技能

（1）敏锐的观察能力：老年患者与青壮年患者不同，出现症状时大多缺乏主诉，有时也不能正确认识和判断自己的认知症状，需要护士进行严密的观察，要善于观察患者的言语、姿态、表情、眼神、行为等，并进行分析与判断，防止意外事件的发生。

（2）机智的应急能力：对于一些特殊老年人，如患有老年痴呆症的老年人，护理人员需在做出正确的判断和分析的基础上，要有预见性地采取一切措施，预防突发性事件的发生，并沉着、冷静、果断地采取措施，将患者生理、心理危险降到最低。

（3）良好的沟通能力：老年人一般呈现比青壮年更多的心理问题和内心体验，以及各种精神症状的干扰，这更需要护士灵活地运用沟通技巧，与患者进行有效沟通，才能了解患者的心理状态和需要，从而满足患者的合理需求，提高护理质量。在工作中护士恰当的共情、耐心倾听、语言和非语言沟通技巧的使用都有利于患者的康复。

（三）身体素质

护士在工作中经常面临岗位缺编、超负荷工作、频繁地倒班，如果没有一个健康的体

魄，就无法保证日常护理工作的顺利开展。

（四）心理素质

由于社会上有一部分人对老年人的生活状态不了解，加之临床上老年患者的病情变化多，不确定因素多，不同程度地对老年护理工作有误解、偏见，导致护士因自身的职业价值得不到体现容易产生情绪低落、身心疲惫等不良反应。因此，护士要学会自我心理调节，不断提高自身的文化修养及生活情趣，保持自身的心理健康。

任　　务

请同学们从心理健康十条标准中任选一条，利用网络查找相关例子，结合事例谈谈自己对某一条标准的认识。

课题二　心理活动的实质

课前链接

离考试开始还有5分钟的时候，我再一次检查我的文具盒，看看文具准备好了没。中性笔，好好地在文具盒中；铅笔，好好地在文具盒里内；橡皮，好好地在文具盒里；尺子，咦？尺子跑哪去了？我再一次检查，嘴里还喃喃自语："中性笔，铅笔，橡皮……"还是不见尺子。我看了看表，糟了，快上课了，怎么办？怎么办呢？我着急地看了看旁边的同学，心里想："要是有人可以帮帮我就好了"——可是没有，周围的同学都在认真地准备着东西，只有我，在焦急地东张西望，六神无主的我心里像有一只调皮的小兔子在呼呼直跳，我心想："昨天晚上还在呀，现在怎么没了呢？难道它长翅膀飞了？那我考试怎么办？这次百分之八十的题目都要用上尺子，我该怎么办？向同学借？可是每个同学也都只带了一把呀！"我越想越着急，硬着头皮坐在那里，就这样吧……

人们无论从事什么活动都伴随着心理现象。人的心理现象就是人们时时刻刻体验着的心理活动，是人脑对客观现实的反映。它包括：

（1）认知过程：感觉、知觉、记忆、思维、想象。

（2）人格心理特征：能力、气质、性格等。

（3）人格倾向性：需要、动机、兴趣、信念、世界观等。

（4）自我意识：自我认识、自我体验。

心理活动是脑对客观事物的主观反映

（一）心理是脑的功能

（1）动物的心理发展是以脑的进化为物质基础。动物在进化过程中，到了一定阶段就产生了神经系统这一物质基础，有了神经系统就开始出现了简单的心理现象，而且随着动物的进化，脑的结构越是复杂，心理活动越得到发展和丰富。

（2）个体心理的发展以脑的发育为物质基础。随着脑的发育和复杂化，个体心理也相应发展。人在出生时，虽然已经具备了人所特有的解剖生理机制，为以后的心理发展提供了可能性，但还没有成熟。随着脑的发育成熟，心理活动才复杂、丰富起来。新生儿平均脑重为390g，大脑皮质发育尚不完善，因此，心理活动水平低于成人，只会激动和哭叫。出生后9个月的婴儿平均脑重为660g，心理水平也随之发生变化，婴儿与父母之间已开始建立起言语、情绪、行为等较复杂的心理联系。2.5 ~ 3岁时幼儿脑重为900~1000g，心理活动发展迅速，行动的随意性、口语能力有很大提高，开始产生同情心、羞耻感、嫉妒心等复杂情感。7岁时小儿平均脑重达1280g，心理发展趋于成熟，形象思维进一步发展，开始形成逻辑思维，想象力更加丰富，开始体验成人的情绪，初步产生了友谊感、道德感、理智感等社会情感。12岁时脑的平均重量已经和成人差不多了，达到1400g，此时心理发展已经成熟，口头语言向书面语言发展，理解记忆和意义记忆得到发展，能用伦理道德来评价事物。

因此，人类高度发展的心理活动是以高度发达的大脑为物质基础。

（二）心理活动是对客观现实的反映

人的心理活动是人脑的功能，离开了人脑这个物质基础就不能产生人的心理活动。但是，如果没有客观现实作用于人脑，心理活动也无从产生。

1. 客观现实是心理活动的源泉　客观现实是指人们赖以生存的自然环境和社会环境。无论是简单还是复杂的心理活动，都可以在客观事物中找到它的源泉。客观事物的多样性决定了心理活动的多样性。如人能意识到树木、河流、花草、月亮，是因为有这些客观事物的存在。若一个人脱离客观现实，心理活动就成为无本之木、无源之水。正是因为自然环境和社会环境多样性才会促使人类不断的加强对自然和社会规律的认识，才有人类经验的积累和传承，才会有人不断地进行发明创造，才有人类的文化、科学和艺术，才有人类的文明。由此可见，客观现实是心理活动的内容和源泉。

感觉剥夺实验

1954年，加拿大麦克吉尔大学的心理学家首先进行了“感觉剥夺”实验（图1-1）：实验中给被试者戴上半透明的护目镜，使其难以产生视觉；用空气调节器发出的单调声音以限制其听觉；手臂戴上纸筒套袖和手套，腿脚用夹板固定，限制其触觉。被试者单独呆在实验室里，几小时后开始感到恐慌，进而产生幻觉……在实验室连续呆了三四天后，被试者会产生许多病理心理现象：出现错觉幻觉；注意力涣散，思维迟钝；紧张、焦虑、恐惧等，实验后需数日方能恢复正常。这个实验（当然这种非人道的实验现在已经被禁止了）表明：大脑的发育、人的成长成熟是建立在与外界环境广泛接触的基础之上的。

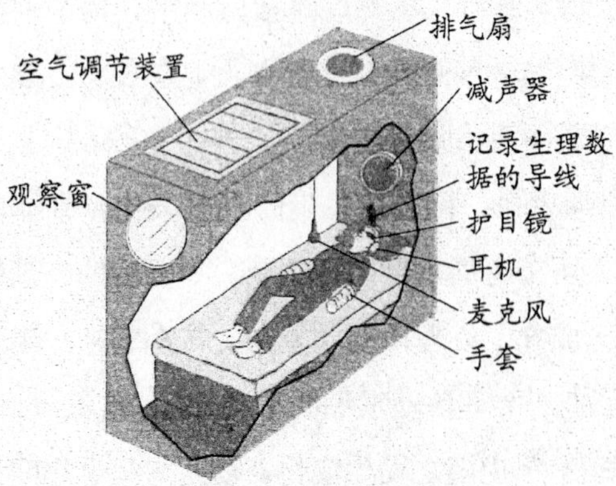

图1-1　感觉剥夺实验示意图

2. 社会实践促进心理活动的发展与完善　人一切心理活动的产生与发展，都离不开人的社会实践。如果一个人生后不与人类社会接触，脱离社会生活，即使有正常人的脑组织也不可能产生正常人的心理。例如，印度狼孩大玛拉，虽然后来回到人类社会，但大脑的发育已经受到严重的限制，直至17岁去世还没真正学会说话，智力只相当于三四岁的孩子。

3. 心理是对客观现实主观能动的反映　虽然反映的内容是客观的，但对客观现实的反映总是由一定的主体进行的。一个人在过去实践中已形成的知识经验、世界观和个性心理特点总会影响他对客观现实的反映。具有不同兴趣、经验、情感和世界观的人对同样的客观现实的反映是不同的，比如，同样强度的刺激，每个人所产生的痛觉不同；同样看一部电影或同上一节课，各人所接受的内容也不同。所以，心理是对客观现实的主观反映。

人对客观现实的反映，不是像镜子反映物像一样是消极被动的，而是积极能动的反映。人脑不仅反映客观现实的外部特征，而且能够揭示其本质和规律，在认识客观事物的过程中，人们总是主动地把客观事物反映到主观上来，并通过主观改造客观，使之符合人的需要和意愿。

任　　务

请同学们从电视剧《Mr. Brain》中任选一集观看，在作业本上写下自己喜欢的看点，并说明理由。

课题三 感 觉

课前链接

"吹面不寒杨柳风"，不错的，像母亲的手抚摸着你，风里带着些新翻的泥土的气息，混着青草味儿，还有各种花的香，都在微微润湿的空气里酝酿。鸟儿将巢安在繁花嫩叶当中，高兴起来了，呼朋引伴地卖弄清脆的歌喉，唱出婉转的曲子，跟清风流水应和着。牛背上牧童的短笛，这时候也成天嘹亮地响着。

——摘自《春》（朱自清）

人对客观事物的认识是以心理活动为基础的。心理活动主要由心理过程和人格所组成。心理过程包括认知过程、情绪情感过程和意志过程。认知过程是指人们获取知识和信息的过程，包括感觉、知觉、记忆、思维、想象、注意等。

1. 感觉的概念 感觉是人脑对直接作用于感觉器官的客观事物的个别属性的反映。例如，我们面前有一个苹果，如何去认识它？用眼睛看知道它红红的颜色、圆圆的形状；拿起来放在手中一掂知道它的硬度、重量和光滑度；用鼻子一闻，闻到了它的表皮气味；咬上一口会感到它很甜。这里的颜色、形状、硬度、重量、气味及味道等就是苹果的个别属性。我们的大脑接受、加工了这些属性，进而认识了这些属性，这就是感觉。

2. 感觉的种类

（1）外部感觉：接受外部刺激并反映外界事物属性的感觉称为外部感觉。它包括视觉、嗅觉、听觉、味觉、皮肤觉（皮肤觉包括触压觉、温度觉和痛觉）等。

（2）内部感觉：接受机体内部刺激并反映它们的属性的感觉称为内部感觉。它包括运动觉、平衡觉、内脏觉（例如饥饿、口渴、便意、性欲等感觉）。

3. 感觉的特性

（1）感觉的适应：由于刺激物持续作用于感觉器官，而使感受性发生变化的现象称为感觉的适应。例如，我们白天去电影院看电影，刚进放映室时除了屏幕什么也看不见，过一会儿就能清楚地看见周围的事物了，这叫视觉的暗适应。相反，从黑暗的屋子到明亮的室外觉得很刺眼，看不清楚，适应一会儿就能看清楚，这叫视觉的明适应。"入芝兰之室久闻不知其香，入鲍鱼之肆久闻不知其臭"，这是嗅觉适应。另外，触压觉、温度觉适应现象也很明显。听觉的适应所需时间短，恢复也很快。但听觉适应有选择性，仅对作用于耳的那一频率的声音发生适应。痛觉的适应很难，因为人们接受疼痛这一伤害性刺激信号时大部分采取止痛措施，及时就医。故感觉的适应具有生物学意义。

（2）感觉的对比：指同一感觉器官接受不同刺激而使感受性发生变化的现象。感觉的对比分同时对比和继时对比。两种感觉同时发生所形成的对比为同时对比，如图 1-2 中灰色纸片放在白色背景下不如在黑色背景下亮；两种感觉先后发生所形成的对比称继时对比，例如吃完苦药后再喝白开水反而觉得水甜，吃糖果后再吃苹果会觉得苹果是酸的，尝不出甜味，就是这个道理。

（3）感觉的相互作用：指某一器官对某种刺激的感受性因其他感觉器官受到刺激发生变化的现象。例如，噪声刺激会使疼痛加剧、优美的乐曲可以减轻疼痛都是这个道理。

（4）感觉的补偿作用：是指某种感觉失去后，由其他感觉来弥补。例如，失去了视觉的盲人，他们的听觉和嗅觉较一般人灵敏，在生活实践中利用其他健全的感觉来代偿失去的功能，进而改善生活。

（5）联觉：指一种感觉兼有另一种感觉的心理现象。例如，红、橙、黄等使人有温暖的感觉，因而被称为暖色。蓝、青、绿等颜色使人有寒冷的感觉，因而被称为冷色。联觉作用在绘画、建筑设计、室内装饰、环境布置等方面也被广泛应用。

（6）感觉后像：指当外界刺激作用消失后，感觉在短时间内不会马上消失的现象。例如电影、电视利用的就是视觉后像。

快递用纸箱为何多为浅褐色

包装纸箱（图 1-2）之所以多为浅褐色是因为它是利用再生纸制造而成的，保持了纸浆的原色。包装纸箱可以说是废物回收再利用中的佼佼者，八成以上的包装纸箱都会得到回收再利用。然而，包装纸箱多用浅褐色的理由并不仅仅只有这一个。这和心理重量也有着紧密联系，使用浅色纸箱包装货物，可以减轻搬运人员的心理负担。最近，除了浅褐色之外，白色包装纸箱也多了起来。某些大型企业已经把自己的包装纸箱统一为白色。浅褐色可以使人感觉包装纸箱的重量比较轻，而相比之下，白色的就更轻了。

图 1-2　包装纸箱

任　　务

请思考：每个人通过感觉器官认识到的世界是相同的吗？为什么？请在组内讨论、分享。

课题四　知　　觉

课前链接

小杰来到江边，看着江面上的各类漂浮物，闷不作声地坐到堤坝的台阶上，泪珠止不住地落下来：“长江啊，长江，你竟然已经被这样地污染了……”

知觉是人脑对直接作用于感觉器官的客观事物的整体属性的反映。还以苹果为例，我们不仅要知道它的颜色、味道、重量，还要把它作为一个整体与其他事物区别开来，这就是知觉。根据知觉时起主导作用的感官的特性，可以把知觉分为视知觉、听知觉、触知觉、嗅知觉、味知觉等；根据所认识的事物特性，可以把知觉分为空间知觉、时间知觉和运动知觉。知觉的另一种特殊的形态叫错觉。

1. 知觉的特性

（1）知觉的选择性（图 1-3）：指人在知觉客观事物时，总是有选择地把少部分事物当成知觉的对象，而把其他事物当成知觉的背景，以便更清楚地感知一定的事物与对象。知觉对象和背景之间是可以相互转换的。

A　B

图 1-3　知觉的选择性测试图

（2）知觉的整体性（图 1-4）：是指人在过去经验的基础上把由多种属性构成的事物知觉为一个统一的整体的特性。

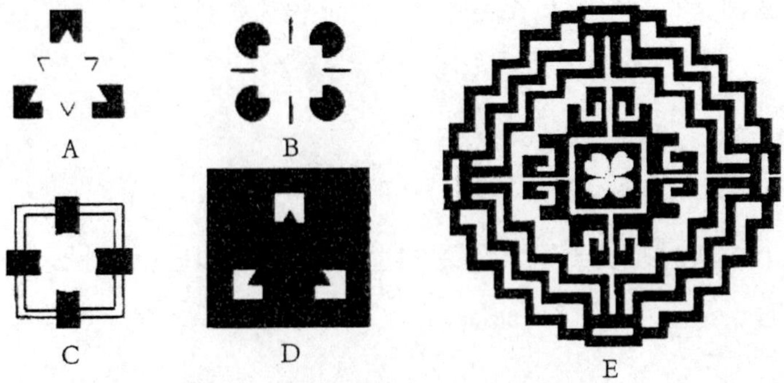

A　B　C　D　E

图 1-4　知觉的整体性测试图

（3）知觉的恒常性：当知觉条件在一定范围内改变时，人对物体的知觉印象仍保持相对不变，这就是知觉的恒常性。它是人们知觉客观事物的一个重要特性。

（4）知觉的理解性（图 1-5）：人们在认识客观事物时，总是以过去的知识经验为基础，以便对知觉的对象做出最佳的解释和说明，这就是知觉的理解性。知觉的理解性是以知识经验为基础的，知识经验越丰富，理解就越深刻。

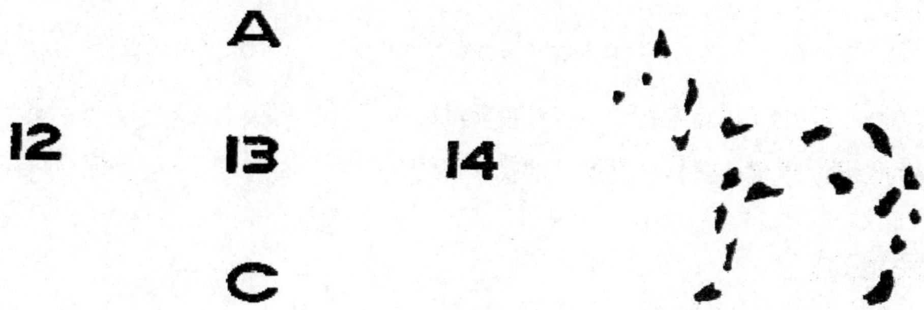

A　　B

图 1-5　知觉的理解性测试图

（5）错觉（图 1-6）：人在特定的条件下发生的错误的知觉叫错觉。错觉现象非常普遍，最常见的是视错觉。

图 1-6　错觉测试图

2. 错觉　产生的原因很复杂，主要是由生理和心理因素引起的。往往带有固定的倾向性，主观没有办法克服，只要条件具备，错觉就会发生。研究错觉具有重要的理论和实践意义。

任　　务

请同学们利用网络查找有关错觉的一个例子，在组内进行交流。

课题五 情　　绪

课前链接

一位被学生激怒的老师，他的声音由低到高，渐渐地咆哮起来，脸色涨红，进而发青，脖子胀得像要裂开的样子，满头都是汗珠子，满嘴唇都是白沫，拳头在讲桌上捶得“咚咚”响……

人非草木，孰能无情？人在认识客观世界的时候，处于得失、顺逆、荣辱、美丑等情境时会感到喜悦、气愤、悲伤和忧虑，这就是情绪。

一、情绪的概念

情绪是人对客观事物是否符合自己的需要而产生的态度体验。当客观事物符合人的需要时，就会产生快乐、满意等积极的、肯定的情绪和情感；反之，则会产生悲伤、愤怒等消极、否定的情绪和情感。例如，优美的音乐使人轻松愉悦，考试的失利会使人沮丧烦恼。

二、情绪的特点

情绪主要源于人的生理性需要，例如，人们对食物、睡眠、休息、性的需要，从这些需要能否得到满足产生喜、怒、哀、乐的体验。情绪是低级简单的体验。情绪发生早，是人和动物均具备的，它带有本能的特点；情绪有一定情境性，情境改变，情绪可以消失或转移；情绪依赖情感，情绪的变化受情感及其特点的制约，情感也依赖情绪，情感总是在不断变化的情绪中表现出来。情绪是情感的外部表现，情感是情绪的本质内容，同一情感在不同条件下表现出来的情绪各不相同。

三、情绪的类别

1. 基本情绪是人和动物所共有的原始情绪　包括快乐、愤怒、恐惧和悲哀。

2. 情绪的状态

（1）心境：是一种微弱而持久的情绪状态。它具有弥散性的特点，不具有指向性，而是作为一种心理背景，在某一段时间内，使人的全部活动都带有某种情绪色彩。“人逢喜事精神爽”、“感时花溅泪，恨别鸟惊心”指的就是心境。心境对生活、工作、学习和健康有很大的影响。良好的心境能使人更好地发挥积极性、创造性，提高工作效率，有益于健康。不良的心境则会使人消极颓废，降低工作效率，有损于健康。因此，在日常生活中，我们应当培养积极心境，防止消极心境。

（2）激情：是一种强烈的、短暂的、爆发性的情绪状态，如狂喜、暴怒、绝望等。激情具有冲动性，发生时强度很大。在激情状态下，机体内部伴随有强烈的生理变化，并有明显的外部表现。如狂喜时手舞足蹈，暴怒时面红耳赤。激情还具有爆发性，发生的速度很快，持续的时间很短暂，一旦离开引起激情的具体情境，会很快冷静下来或转化为心境。引起激情的原因很多。首先，对人具有重大意义的突发事件可以引起激情，如重大的喜讯、亲人的亡故等。其次，对立意向的冲突或过度的兴奋与抑制也容易引起激情，如对某种痛苦忍耐过久、抑制过度，一旦爆发出来，就会成为十分强烈的、难以控制的激情。此外，激情的发生还和一个人的修养程度有关。那种缺乏教养、不讲礼貌或患有歇斯底里症的人，可以在毫无理由的情况下引起激情的爆发。激情对人的活动有很大的影响。积极的激情常常能调动人身心的巨大潜力，成为激励人行为的强大动力。而消极的激情则会使人出现“意识狭窄”现象，即认识范围缩小，不能正确评价自己行为的意义和后果，做出一些鲁莽的行为，甚至铸成大错。当然，消极的激情也并非不可控制，事实证明，人能意识到自己的激情状态，并可有意识地调节和控制。控制激情的方法有很多。首先是尽量避开引起激情的环境刺激。其次是转移注意力，干一些自己感兴趣的事。还有合理地、有节制地发泄。此外，还可以借鉴前人的经验，由发怒转为发奋。如生活中遭到挫折时，受到他人讽刺嘲笑，心中不平时，要化愤怒为力量，变压力为动力，发奋图强，做生活的强者。

创伤后应激障碍

5·12汶川大地震后，地震的亲历者、目击者以及从媒体了解信息的人，都受到了不同程度的心理冲击。有的出现了挥之不去的闯入性回忆，反复回忆地震发生的一瞬间（图1-7）；有的频频出现痛苦梦境；有的常常仿佛回到地震发生时的情境，并重新表现出当时所伴发的恐惧、焦虑、紧张等表现；有的保持持续的焦虑和警觉水平增高，一有风吹草动就以为地震了，拔腿就跑。以上现象是一种特殊的疾病，在心理学上叫创伤后应激障碍，英文简称为PTSD。它是对异乎寻常的威胁性或灾难性事件的延迟或持久的反应，如自然灾害和人为灾害：战争、严重事故、目睹他人惨死、身受酷刑等。

图1-7 中创伤后应激障碍

当然，控制激情最根本的方法还在于加强思想修养。

（3）应激：是一种在出乎意料的紧急状况下引起的强烈情绪状态。例如，车祸、火灾、地震等，在这些情况下人们所产生的特别紧张的情绪状态就是应激状态。在应激状态下，人可能有两种表现：一种是头脑清楚，急中生智，调动全身力量和智慧迅速而及时地做出决定，解决当前的紧急问题。另一种是惊慌失措，目瞪口呆，陷入一片混乱之中。严重者可导致心身疾病的发生，甚至出现休克或死亡。人的应激能力是可以通过训练提高的。通过训练可以培养思维的敏捷，提高意志的果断性，增强动作的灵活性，加强技能的熟练性，这样遇到突发事件时，就能镇定自若、当机立断、摆脱困境、转危为安。但长时间处于应激状态，则会破坏人的生物保护机制，使人抵抗力降低，易受疾病侵袭。

任　　务

请同学们观察自己的同桌，注意他的情绪反应，以一个场景为例，用肢体语言展示同桌的情绪反应特点。

课题六 情绪的调控

课前链接

“怒则气上，喜则气缓，悲则气消，恐则气下，惊则气乱，思则气结……怒伤肝，悲胜怒，喜伤心，思伤脾，忧伤肺，恐伤肾，思胜恐……形乐志苦，病生于脉……形乐志乐，病生于肉……形苦志乐，病生于筋……形苦志苦，病生于咽嗌……形数惊恐，经络不通，病生于不仁。”

——摘自《黄帝内经·素问》

人的情绪是一种心理现象。高兴、愉快、欢乐、喜悦、轻松、欣慰、悲伤、害怕、恐惧、不安、紧张、苦恼、忧郁等都属于情绪活动。

1. 健康与情绪的关系 人体是一个整体，人的健康与情绪有密切关系。情绪分为积极情绪和消极情绪两大类。积极情绪对健康有益，消极情绪会影响身心健康。

俗话说：“笑一笑，十年少；愁一愁，白了头。”情绪对人的心理、生理、精神等的影响。健康的情绪可以使人心情舒畅、积极向上、精力充沛，可使人乐观地对待困难和挫折，增强机体的免疫力。据有关专家调查，长寿老人中有96%是情绪健康的人。相反，消极的情绪对人的身心健康危害极大，不仅降低生活质量，影响学习和生活，且易导致各种身心疾患。大量的临床医学研究表明，长期充满心理矛盾、压抑、不安全感和不愉快情绪体验的人，免疫力减弱，内分泌紊乱，容易患癌症。才貌双全的林黛玉，因多愁善感，忧郁猜疑，最终积郁成疾，吐血身亡。三国的大都督周瑜，因为妒忌多疑、心胸狭窄，而被诸葛亮活活气死。我国自古就有“喜伤心”、“怒伤肝”、“思伤脾”、“忧伤肺”、“恐伤肾”之说，可见祖国医学非常重视人的情绪与健康的关系。当人情绪变化时，往往伴随着生理变化。例如，人在恐怖时，会出现瞳孔变大、口渴、出汗、脸色发白等一系列变化。这些生理变化在正常的情况下具有积极的作用，可以使身体各部分积极地动员起来，适应外界的环境变化。总之，情绪对人的身心健康有直接的影响，用积极的态度和方法调控情绪是一个人身心健康的重要保证。

2. 情绪的调节与控制 生活中，每个人都不可避免地会遇到失意、困难、险境，从而产生各种各样的消极情绪，若得不到及时排解，这种不良心理的能量积聚超过一定的负荷就会破坏心理平衡，引起心理疾病。所以，应采用适当的方法和途径，合理宣泄，调控不良情绪。

（1）自我放松：如果感到情绪紧张、身心疲惫、焦虑不安，可以采用放松技术进行自我调节。常用的自我放松技术有深呼吸放松法、想象放松法和肌肉放松法。

（2）自我安慰暗示：情绪低落时，要学会自我安慰，“酸葡萄式”和“甜柠檬式”。

也要学会从积极的方面暗示自己。每天早晨，对着镜子冲自己说："今天又是一个艳阳天，我一定会愉快度过的"。易怒的人可以暗示自己："我要冷静些，发怒是解决不了问题的"。另外，可以改变一些行为以调节情绪。例如，改变面部表情，对自己微笑；改变行走姿势，抬头挺胸，昂首阔步。

（3）适时转移和升华：自觉主动地将注意力转到积极向上的对象上。如听优美的乐曲、打球、跑步、去健身房健身。也可将不良情绪引向更高的境界，将其强大的心理能量加以疏导，凝聚到学习、工作或生活中，即所谓升华。如德国著名诗人歌德在失恋之后，把失恋的情绪能量升华到文学写作中，写出了名著《少年维特之烦恼》。

（4）适当宣泄：要采取积极的态度，学会合理宣泄。如我们可以通过运动、读小说、写日记、听音乐、找朋友谈心、购物、化妆、美食来宣泄，也可以在适当场合大声喊叫或痛痛快快大哭一场的方式来释放心中的郁闷。俗话说："男儿有泪不轻弹"，从心理学角度来说男人有泪不是不轻弹而是尽管弹，只不过弹的时候要注意时间和场合。

（5）恰当幽默：幽默是人际交往的润滑剂，是快乐的法宝。它可以化解尴尬、融洽人际关系、避免冲突的发生。幽默会使人得到生活中最珍贵的礼物——笑。另外，其他调节情绪的方法还有很多，如改变认知、心理咨询等。

心身疾病易发人群

图 1-8 脾气暴躁型

脾气暴躁型（图 1-8）人们每次发脾气都会给自己的心脏带来损伤，给自己的身体增加一份负担。身边的案例也常提醒我们，患者脑卒中、心肌梗死等疾病的发生，大多由生气或遇到重大压力事件等引起。

任　务

请思考：什么样的情绪算是"好"的情绪？我们以什么标准来衡量情绪的"好"与"坏"呢？请在组内进行讨论与分享。

课题七　观　察　力

课前链接

“那么，做一个诗人是什么意思呢？我费了很长的时间才意识到，做一个诗人实质上是观察，但是请注意，他的观察要达到这样一种程度：观众现在所看到、所了解到的，全都是诗人早就观察到的。唯有亲身经历过的东西，方能观察到这种程度，方能理解到这种程度。” ——引自《诗人的任务》（易卜生）

观察力是指大脑对事物的观察能力，如通过观察发现新奇的事物等，在观察过程对声音、气味、温度等有一个新的认识。

《福尔摩斯探案全集》曾描写过这样一个场景：在福尔摩斯第一次与华生见面时，就立刻判断出华生是一名去过阿富汗的军医。福尔摩斯为什么能够那么快地判断出来面前的这个人就是一名军医呢？他依靠的就是敏锐的观察力借此迅速地判断出一个人的职业、经历。

观察力的敏锐程度决定了从一个人身上得到的信息的多寡。也就是说，只有敏锐的观察力才能尽可能多地将一个初次见面的人的信息把握住。

人的观察力并非与生俱来，而是在学习中培养，在实践中锻炼出来的。

对医护工作者来说，观察力尤其重要。要从平时养成自觉地、认真地观察各种自然现象的习惯、兴趣和能力。通过直接体验，积累对自然现象的感性认识，培养对事物进行科学观察的能力和习惯。为了有效地进行观察，更好地锻炼观察力，掌握良好的观察方法是必要的。

一、确立观察目的

对一个事物进行观察时，首先要明确观察什么，怎样观察，要达到什么目的，做到有的放矢，这样才能把观察的注意力集中到事物的主要方面，以抓住其本质特征。目的性是观察力的最显著的特点，有目的观察才会对自己的观察提出要求，获得一定深度和广度的锻炼。反之，如果东张西望，左顾右盼，对事物熟视无睹，你的观察力就得不到锻炼。例如，你想要办一个新的商店，需要从别的商店获得一些商品陈列的经验，此时，你去观察一定带着目的性。只有带着目的性的观察才是有效的观察，才能尽快提高自己的观察力。

二、制订观察计划

在观察前，对观察的内容做出安排，制订周密的计划。如果在观察时毫无计划，漫无条理，那就容易遗漏。因此，我们进行观察前就要计划好，先观察什么，后观察什么，按部就班，系统进行。观察的计划，可以写成书面的，也可以记在脑子里。

三、培养浓厚的观察兴趣

每个人由于观察敏锐性的差异，在同一件事物的观察上出现不同的兴趣，注意到不同事物或同一事物的不同特点。因此，培养浓厚的观察兴趣是培养观察能力的重要前提条件。为了锻炼观察能力，必须培养每个人广泛的兴趣，这样才能促使人们津津有味地进行多样观察。同时，还要有中心兴趣。有了中心兴趣，人们才会全神贯注地对某一领域进行深入地观察。

四、观察现象，探寻本质

观察力是思维的触角，要培养同学们的观察力，就要善于把观察的任务具体化，善于引导他们从现象乃至隐蔽的细节中探索事物的本质。

五、培养良好的观察方法

大多数同学缺乏生活经验，缺乏独立、系统的观察能力，在观察事物时，或者看得粗心、笼统，或者观察的顺序杂乱无章，往往抓不住事物的本质。一个良好的观察者必须具备观察事物的技巧，掌握适当的观察方法。

六、遵循感知的客观规律

观察和观察力是在感知过程中提高的。因为，为了培养观察力，就必须遵循感知的主要规律。也就是说感知的主要规律也成为观察的基本规律。感知规律主要有以下七条：

1. **强度律** 对被感知的事物，必须达到一定的强度，才能感知得清晰。一般人对雷鸣电闪是容易感知的，因为它的感知强度很高，而对于昆虫的活动，如对蚂蚁行走的声音就难以觉察。因此，在实践中，要适当地提高感知对象的强度，并要注意那些强度很弱的对象。

2. **差异律** 这是针对感知对象与它的背景的差异而言的。凡是观察对象与背景的差别越大，对象就被感知得越清晰；相反，凡是对象与背景的差别越小，对象就被感知得越不清晰。例如万绿丛中一点红，这点红就很容易被感知。鹤立鸡群，也是属于这类情形。但是在白幕上印白字，则几乎无法辨认。

3. **对比律** 凡是两个显著不同甚至互相对立的事物，就容易被清楚地感知。因此，在观察中要善于用对比的方法，把具有对比意义的材料放在一起，甚至还可以制造对比环境。例如观察的高矮对比，色彩对比。

4. 活动律　活动的物体比静止的物体容易感知。魔术师用一只手做明显的动作吸引观众的注意力，而另一只手却在要手法以达到他的目的。所以，在观察中要善于利用活动规律，达到观察目的。

5. 组合律　心理学的研究告诉我们，凡是空间上接近、时间上连续、形式上相同、颜色上一致的观察对象容易形成整体而为我们清晰地感知。因此，在实际观察中，要把零散的材料或事物，按空间接近、时间连续、形式相同或颜色一致的形式组合起来进行观察，从而找出各自的特点。例如在一堆乱物件中选大小相差不远，颜色相近的若干件，排列起来比较，就可看出彼此的差异。

6. 协同律　指在观察过程中，有效地发动各种感知器官，分工合作，协同活动，这样可以提高观察的效果。也指同时运用强度、差异、对比等规律去观察对象。17 世纪捷克著名教育家夸美纽斯就曾要求人们尽可能地运用视、听、味、嗅、触等感官进行感知。我们学习要做到“五到”，就是眼到、耳到、口到、手到和心到，目的是要通过多种感知的渠道，提高观察的效力。

7. 观注律　养成持久的观察习惯。贝弗里奇说：“培养那种以积极的探究态度观注事物的习惯，有助于观察力的发展。在研究工作中养成良好的观察习惯比拥有大量的学术知识更重要，这种说法并不过分。”一个人有了持久的观察习惯，他就能克服观察过程中所遇到的各种障碍和困难，把观察进行到底。而观察力就正是在这种“锲而不舍”的过程中得到锻炼和提高。

【测一测】

下面是一个情绪测验，通过这个测验，你可以了解你的情绪是否健康，是否在你的掌控之中。

1．看到自己最近一次拍摄的照片，你有何想法？

A．觉得不称心　　B．觉得很好　　C．觉得可以

2．你是否想到若干年之后会有什么使自己极为不安的事？

A．经常想到　　B．从来没有想过　　C．偶尔想到过

3．你是否被朋友、同事或同学起过绰号、挖苦过？

A．这是常有的事　　B．从来没有　　C．偶尔有过

4．你上床以后，是否经常再起来一次，看看门窗是否关好，水龙头是否拧紧等？

A．经常如此　　B．从不如此　　C．偶尔如此

5．你对与你关系最密切的人是否满意？

A．不满意　　B．非常满意　　C．基本满意

6．半夜的时候，你是否经常觉得有什么值得害怕的事？

A．经常　　B．没有　　C．极少

7．你是否经常因梦见什么可怕的事而惊醒？

A．经常　　B．没有　　C．极少

8．你是否曾经有多次做同一个梦的情况？

A．有　　B．没有　　C．记不清

9．有没有一种食物使你吃后呕吐？

A．有　　B．没有　　C．记不清

10．除去看见的世界外，你心里有没有另外的世界？

A．有　　B．没有　　C．记不清

11．你心里是否常常觉得你不是现在的父母所生？

A．时常　　B．没有　　C．偶尔有

12．你是否曾经觉得有一个人爱你或尊重你？

A．是　　B．否　　C．说不清

13．你是否常常觉得你的家庭对你不好，但是你又的确知道他们实际上对你很好？

A．是　　B．否　　C．偶尔

14．你是否觉得没有人十分了解你？

A．是　　B．否　　C．说不清楚

15．你在早晨起来的时候最经常的感觉是什么？

A．忧郁　　B．快乐　　C．讲不清楚

16．每到秋天，你经常的感觉是什么？

A．秋雨霏霏或枯叶遍地　　B．秋高气爽或艳阳天　　C．不清楚

17．你在高处的时候，是否觉得站不稳？

A．是　　B．否　　C．有时是这样

18．你平时是否觉得自己很强健？

A．否　　B．是　　C．不清楚

19．你是否一回家就立刻把房门关上？

A．是　　B．否　　C．不清楚

20．你坐在小房间里把门关上后，是否觉得心里不安？

A．是　　B．否　　C．偶尔是

21．当一件事需要你作决定时，你是否觉得很难？

A．是　　B．否　　C．偶尔是

22．你是否常常用抛硬币、翻纸牌、抽签之类的游戏来测凶吉？

A．是　　B．否　　C．偶尔

23．你是否常常因为碰到东西而跌倒？

A．是　　B．否　　C．偶尔

24．你是否需要 1 个多小时才能入睡，或醒得比你希望的早 1 个小时？

A．经常这样　　B．从不这样　　C．偶尔这样

25．你是否曾看到、听到或感觉到别人觉察不到的东西？

A．经常这样　　B．从不这样　　C．偶尔这样

26．你是否觉得自己有超乎常人的能力？

A．是　　B．否　　C．不清楚

27．你是否曾经觉得因有人跟着你走而心里不安？

A．是　　B．否　　C．不清楚

28．你是否觉得有人在注意你的言行？

A．是　　B．否　　C．不清楚

29．当你一个人走夜路时，是否觉得前面暗藏着危险？

A．是　　B．否　　C．偶尔

30．你对别人自杀有什么想法？

A．可以理解　　B．不可思议　　C．不清楚

以上各题的答案，选 A 得 2 分，选 B 得 0 分，选 C 得 1 分。请将你的得分统计一下，算出总分。得分越少，说明你的情绪越佳，反之越差。（本结论仅供参考，测试近 2 周的情绪状况）

任　务

请同学们通过对养老院的实地参观，或以志愿者身份参与敬老活动，观察老年人 1 天的生活，并做好记录。

模块二 认识老年人

学习目标

1. 熟悉老年人的躯体特征
2. 熟悉老年人的心理特征
3. 了解老人的健康与环境的关系
4. 掌握基本的心理健康评估方法

人类都要经过生长发育、成熟、衰老及死亡的过程。随着年龄的增长，人体结构和生理功能会逐渐发生一系列的变化。老化则存在于人的整个生命过程中，是机体的组织器官结构变化和生理功能逐渐衰退的过程，是人类进化随着时间迁延的必然结果。随着经济的发展和科学的进步，人类通过计划免疫、改善环境、改善营养和食品供应及有效地治疗疾病等手段，使人口死亡率大幅度下降，从而较大幅度地提高了人口的平均预期寿命，促进了人口的老龄化。

课题一 衰老的感官与感知觉

课前链接

老人消瘦而憔悴，脖颈上有些很深的皱纹。脸颊上有些褐斑，那是太阳在热带海面上反射的光线所引起的良性皮肤病变。褐斑从他脸的两侧一直蔓延下去，他常用绳索拉大鱼，双手上留下了刻得很深的伤疤。但是这些伤疤中没有一块是新的，它们像无鱼可打的沙漠中被侵蚀的地方一般古老。他身上的一切都显得古老，除了那双眼睛，它们像海水一般蓝，是愉快而不肯认输的。

“我这一辈子，老是被初升的太阳刺痛眼睛。”他想，“然而眼睛还是好好的。傍晚时分，我可以直望着太阳，不会有眼前发黑的感觉。阳光的力量在傍晚也要强一些。不过在早上它叫人感到眼痛。” ——引自海明威《老人与海》

一、老年人感官的变化

老化是一种正常的生命过程，与遗传、生理、心理、社会及环境方面等因素相关。其特点为普遍性、进行性、消耗性和内源性。了解进入老年期后人体各种生理、代谢功能及其形态结构发生的变化，对开展社区老年保健、研究老年病预防及康复起着重要的指导作用。

（一）外貌形态变化

1. 身高　一般认为人的身高在 20 岁前后达到顶点，以后逐渐下降。老年人由于骨骼发生脱钙，导致的骨质疏松，故老年人常出现身高比成年时期降低的现象。

2. 皮肤与毛发　皮肤与毛发的改变是步人衰老过程的最初信号。如：表皮轻度变薄，皮肤性降低，皮下脂肪减少，免疫应答功能降低，皮肤松弛，皱纹增加，皮肤的防御功能和损伤愈合能力下降，不能耐受各种刺激；身体暴露部分色素沉着，老年斑随年龄而增多；皮脂腺、汗腺的分泌减少，皮肤干燥易痒，皮肤与毛发失去光泽；皮肤神经末梢的密度减少，感觉迟钝弹性差、出汗少，从而影响体温调节。

3. 容貌　随年龄增长，新毛囊黑色素生成减少，毛发变细、变脆，由于色素逐渐脱失，头发变成灰或白色，并开始脱发。许多老年人两鬓斑白，头顶部脱发甚至全秃。还可出现腋毛、阴毛的明显脱落。

4. 体型　老年人皮下脂肪的分布发生变化，腰部和腹部脂肪增多，出现梨形或苹果形体型。

5. 眼睛　随着年龄的增长，眼部晶体的调节能力减弱，出现远视的倾向。老年人常见的视力障碍有老年性白内障、玻璃体混浊、视网膜萎缩、青光眼等。

6. 听力　人的听力随年的增长而逐渐下降，一般 60 岁以上的老年人由于中高音部的听力阈值上升，可出现老年性耳聋。

（二）心血管系统

随着年龄增大，动脉粥样硬化的程度逐渐加重，血管壁及瓣膜增厚且较硬。因冠状动脉粥样硬化，血管腔狭窄，易发生心肌梗死。老年期心脏呈褐色萎缩，心包脂肪沉积，血管弹力减弱、心排出量减少，窦房结内和周围有网状纤维增生，一些传导束支因长期劳损、缺血、受压等因素引起纤维化、硬化和钙化，致使心脏传导系统异常造成心律失常、心动过速、心动过缓、期前收缩、心房颤动等病态。

（三）神经系统

1. 大脑老化时，使脑的体积缩小，重量减轻，神经细胞减少，神经递质减少，自主神经功能紊乱，记忆减退，易发生老年性精神症状与老年痴呆。

2. 感觉神经末梢及感受器视觉改变：瞳孔缩小、内陷，角膜面扩大，晶体透光差，视力减退易患白内障、青光眼，眼底血管硬化，视网膜变薄，出现老花眼，泪液分泌减少，眼睑皮肤松弛；听觉改变：耳膜硬化、萎缩，听神经功能减弱，耳垢增加、听力逐渐减退；嗅觉改变：嗅神经逐渐萎缩，嗅觉迟钝；味觉改变：味蕾逐渐减少，影响食欲；痛觉改变：对疼痛的敏感性减退。

（四）运动系统

运动系统功能随着年龄增大而减退。老年人肌肉纤维萎缩并减少，一些脂肪和纤维组织逐渐取代了肌肉组肌腱韧带也有萎缩，并收缩而变僵硬，造成肌腱反射慢，由于肌肉老化、肌力减退，易产生疲劳。老年人骨中有机物减少、骨质疏松、密度降低且脆弱，易发生骨。椎间盘呈退行性变，脊柱变短并弯曲，故老年人多有身高降低、驼背。关节软骨纤维化，滑囊变僵硬及骨赘导致骨性关节炎，常使关节活动不灵活。

二、感知觉的变化

（一）感知觉减退

感知觉是心理强的组成部分，是其他心理过程如记忆、思维、想象、情感、意志的基础。感知觉对维持大脑的正常活动有着重要意义。老年人视觉能力下降，听觉能力下降，味觉、嗅觉减退，皮肤的触觉、温觉减退，运动觉、位置觉等的减退，直接影响了老年人对外界信息的接收，易使老年人产生失感、隔绝感、衰老感等，同时也易造成对外界信息的误解而引发矛盾，进而导致各种心理问题。

（二）记忆能力下降

记忆是事物的映像在脑中形成、巩固和恢复的过程。老年人记忆的特点有：①初级记忆保持较好，次级记忆减退较多。②有意记忆占主导地位，无意记忆应用则很少。③机械记忆能力下降，意义记忆较好。④远期记忆的保存效果较好，但近期记忆的效果差。

总的来说，老年人的记忆能力是下降的，但并非均衡下降，而且下降的早晚、快慢有较大的个体差别。多坚持用脑，注意记忆训练，可延缓记忆衰退。

（三）思维能力下降

首先，老年人思维过程减慢，反应迟钝。其次，老年人除了思维转换较困难外，老年人的创造性思维下降。老年人由于退休、用脑少等，其思维的主动性会降低，创造、想象能力弱化，在生活中缺乏创造性。

任　　务

1. 请同学们通过网络搜集老年人感官体验的科技短片，进行组间交流。

2. 观察家里的老年人步态，并记录下来。

课题二　衰老后的情绪体验

课前链接

老人神情激动，脸上的皱纹变得又深又长，恶狠般的眼睛直勾勾地盯着他，像是要把他给吃了；脸上的肌肉快速地颤动着，面色由红至青，像是会变色的一张令人发指的巫师的脸。

身与心是一体化的，不可分离。随着感觉器官的老化，老年人的心理也会随之发生某些变化，有其自身的一些特点。

1. 情绪改变　老年人情绪体验的强度和持久性随年龄的增长而提高，因而其情绪趋向不稳定，常表现为兴奋、易激怒、喜欢唠叨、与人争论，一段强烈的情绪体验需要较长的时间才能平静下来。

2. 老年人的人格特征　人格是人的气质、能力、兴趣、爱好、习惯和性格等特征的总和，它不仅影响人的活动效率、社会适应性，也影响人的健康和疾病过程。随着年龄增长，老年人的人格变化有以下特点：①对健康及经济问题的不安；②生活上的不完全适应所造成的焦虑感；③精神上由于兴趣范围变小而造成孤独感；④对身体舒适的兴趣增大；⑤活动性减退；⑥性冲动减少；⑦对新的情景学习和适应都有困难；⑧一个人孤零零地感到寂寞；⑨猜疑心、妒忌心加重；⑩变得保守；⑪喋喋不休，爱发牢骚；⑫总喜欢回忆往事；⑬性情固执；⑭不修边幅、总喜欢搜集破烂。

老年人的个性心理特征个体差异较大，一般可分为慈祥型、拘谨型、狭窄型、麻木型、跋扈型。后三种类型为不良的个性类型，容易使老年人产生人格障碍，如孤独、偏执、抑郁、强迫、疑病、自卑、幼稚化等。

虽然老年人存在着某些共同的心理特点，但不同个体，心理功能的衰老有明显差别，躯体的衰老和心理的衰老也不都是平行的。社区医护人员应了解老年人的心理变化和影响因素，探索变化的规律，研究干预的措施，从而达到延缓老年人的心理衰老速度，维持心理健康，提高生质量的目的。护理人员在服务中需要给予他们更多的尊重、关爱与照护。

老人的特殊心理

怕孤独是老年人最常见的一种心理异常（图 2-1），其主要表现是自我评价过低、生存意识消极、经常对他人不满及抱怨。长此以往，有此情况的老人就会加强对自我行为的约束、强化自我内心的封闭，逐渐地疏远社会，最

图 2-1　老年人的特殊心理

终会形成孤独的生活习惯和行为模式，并将默默地承受孤独带来的痛苦。这类老人既希望别人关心照顾，又害怕由于过分期望而出现过大的心理落差和失望，于是常常拒绝与他人交往，因而会变得行为孤独、性情孤僻，与周围人的距离越来越远。

日本老人“孤独死”案例倍增

在没有人看护的情况下孤独地死去，死去很长时间后才被人发现，这常常被称为“孤独死”。据悉，日本老年人“孤独死”的案例正在逐步增加。

有关“孤独死”目前尚没有明确的定义。加上没有全国范围内的统计数据，日本现在还无从把握“孤独死”的实际状况，但是尸体于自家被发现的“孤独死”的人数在 2002 年为 1364 人，之后这一数据不断增加，2010 年已达到 2913 人。

东京督察部医务院一位干部表示：“这些人是否都是孤零零死去的，目前无从把握。但是可以认为，独居老人被发现在自己家中去世的情况大多数都是‘孤独死’。”尸体发现人当中，1/3 是死者家属，17% 是福利部门有关工作人员，14% 是物业管理员。东京家政学院大学的一位教授指出：“有关‘孤独死’的定义十分模糊，统计也十分困难。但为了把握实际情况，掌握原始信息的警察有必要与福利行政部门进行合作。在对现有案例进行分析的基础上，建立一套在某人陷入孤独前就发现这种情况的机制。”

任　务

1. 观看电影《飞越老人院》，组间交流观后感。
2. 观察家里的某位老年人 1 周，记录他（她）的生活的细节。

课题三 现代老年人的健康与都市生活环境

课前链接

太阳城是美国著名的退休社区，这里老年人生活方式活跃。20世纪50年代，这里还是一片半沙漠的棉田，地产商将此处开发成专供老年人居住的社区。2010年，太阳城已发展成为有16万居民的“老年人城”。这种老年生活方式，你喜欢吗？

老年问题直接影响到社会的各个层面以及每一个家庭。老有所养必须老有所居，适宜的生活环境是老年人安度晚年最重要的物质基础。由于老年人的生理及心理变化会给生活环境带来一些特殊的要求，改善老年人生活环境质量成为一项综合性的社会工程。

环境包括能够影响人的观念和行为的各种因素。

1. 内环境 内环境是指人体内部的一系列生理、心理的变化，如呼吸系统、消化系统以及心理的变化等。

2. 外环境 外环境是指自然环境与家庭社会环境。自然环境包括生活环境、空气、气候、水、森林、土壤等。家庭社会环境包括政治、经济、文化、法律、规章制度、宗教信仰、风俗习惯、人际关系等。

人生活在环境之中，环境是动态的，不断地与人进行物质、能量、信息的交换并达到平衡。环境的变化常给人的生理上和心理上带来压力，人既可适应环境的变化，又可设法改造环境，以利于人的生存。环境对人类的健康产生重要的影响。

一、从老年人的生理尺度出发进行“宜设而设”

1. 空间设计 建筑的主要目的是以其所形成的各种内部和外部空间，为人们的生活提供多种多样的环境。建筑、人、环境应该作为一个不可分割的整体设计，脱离人对环境的要求，建筑便失去了存在的意义。空间是环境设计的第一要素。建筑通过空间布置给人们带来不同的使用功能。老年人无障碍生活环境设计的空间需要根据老年人生理特点因地制宜，“精在体宜”、“宜设而设”。所谓“房舍与人，欲其相称”为了使老年人能自如地活动，生活环境必须满足他们活动的一些自然尺度要求，感受到空间舒适度，但是也不宜过大。过大的空间会让老年人觉得去缺乏温馨感，会失去家特有的生活气氛，有时还会使老人觉得冷漠、孤单、渺小。

2. 家具设计与陈列 在老年人的居住空间里，家具十分重要。首先要具备宜人的功效，其形式的美感、色彩的刺激要符合老年人的审美经验和个性差异。如此，才能让老年人产生视觉的、触觉的快感和美感，满足心理需要。比如老人一般喜欢古典风格的家具，稳重深沉的颜色。因为知识水平、职业的不同，老年人对家具业也有一些的个性要求。家具尺寸尤其是床和沙发的应高度适中，便于老年人起坐。家具的摆放位置要合适，不能有碍交通，应以均衡对称的方式沿墙摆放，尽量不放在居室中间，这在心理上也给老年人以安定稳固的感受，同时也防止老年人被磕碰。

3. 安全设计 老年人年老体弱，行动不便，易生病，特别需要安全和健康，对生活环境设施的依赖远远超过年轻人，因此安全设施必须做好。比如室内及卫生间内的地板要防滑，门槛不宜过高；在公共环境中，在地形起伏之处，除台阶外还应设有坡道、自动扶梯。还应为老年人设置专门入口和电梯，并做好报警安全保障措施，帮助老年人应付紧急事件。

另外，由于感知觉衰退，老年人的感觉不敏感，比较强的刺激才能引起他们的注意。老年人的记忆衰退，对近期的或眼前的事情往往容易遗忘，经常发生读书前看后忘，记不住电话号码，行动上丢三落四，戴着眼镜找眼镜等情况。针对这些情况，老年人的生活环境中要充分考虑标志牌设计，以形象的标志或者鲜明的颜色来提醒老年人的行动。

4. 光线与通风 在老年人的生活环境中，日照、通风、采光、照明、保暖、防潮、隔热、隔声等几方面尤为重要。老年人的居室设计：应保证充足的日照；通风要顺畅；采光要柔和，不易过于强烈；由于老年人的免疫力降低，所以老年人的居室更应该注意保暖、防潮、隔热；大多数的老年人都较喜欢安静，因此要注意老年人居室的隔声材料功能，保证老年人能有一个安静休息睡眠的角落。老年人居室的色彩搭配应考虑个人爱好，因人而异。但要注意居室基本色调的协调把握。比如在强调老人居室的厚重感时，要防止产生压抑感，居室的陈设不能一律呈灰暗色，而应加上明快、舒展的设计；在尊重老年人的色彩喜好时，尽量避免大面积的深颜色，以避免死板、沉闷感（图 2-2）。建筑外部的环境也最好是有开阔的视野，使老年人可以眺望远景，保持心情舒畅，亲近自然。

图 2-2 居室设计

二、老年人生活环境的设计

（一）物理环境的设计

在对老年人居住的环境进行设计前，先要评估老年人对环境的需求，周围的环境状况，如地域、位置、交通、绿化等是否符合老年人的要求，以便能做出老年人满意的环境设计计划。

1. 老年人的房间设计要求

（1）房间位置：老年人房间的位置最好选择朝向南或东南，阳光能够照射到室内，房间应有窗帘或百叶窗，便于老年人午间或晚间休息时遮挡较强的光线，有助于身体的休息和放松。

（2）房间的设备：设备应简单而实用，家具应靠墙摆放，物品不要放在老年人经常经过的地方。

（3）卫生间设备：房间应有卫生间设备，以方便老年人使用。

卫生间应有坐式便桶和扶手，以方便老年人蹲坐和起身。便桶的高低要适中，过高对老年人不安全，过低使老年人起身费力，一般以 0.4 m 高为宜。

卫生洁具应采用白色，以便观察老年人排泄物有无异常。

卫生纸等用品应放置在老年人便于拿取的地方。

（4）呼叫系统：房间内和卫生间、浴室，要设置老年人呼叫器或按铃，使老年人在需要帮助时，能及时被养老护理员听到。

（5）重视老年人的隐私环境：两位以上老年人同住一个房间时，每位老年人应有自己的床、桌、椅、柜等设备。因为老年人除了吃饭、娱乐等集体活动外，还需要有私人空间的生活行为，如更衣、排泄等。应为每位老年设立一个私人空间，护士要善于利用窗帘、屏风或布帘保护老年人的隐私。

（6）老年人的床：床的高矮、软硬要合适。床的高矮要便于老年人上、下床。过软的床在人躺上去时容易凹陷，引起老年人腰痛，太硬的床又易导致身体受压，引起老年人身体不适。

被褥应平整、舒适。老年人的被褥要柔软且透气性好，以棉纺织品为佳。床单要能紧紧地包裹住床垫，使床单平整、无皱褶。大小便失禁的老年人床单上可加一个小单，以便随时更换。

老年人的枕头要舒适，高低要合适，过低容易使血液流向头部，刺激大脑导致睡眠障碍，并容易引起眼睑浮肿；过高会造成颈部、肩部肌肉僵硬酸痛、睡眠时打呼噜，一般情况枕头以 7 ~ 8cm 高为宜（或 6 ~ 13cm），也可根据个人的习惯而定，但注意有颈椎病的老年人不能使用高枕。

枕头的硬度也要适宜，老年人身体支撑骨头的肌肉、韧带失去弹性，功能减弱，合适的枕头可保持身体原有的形状，一般以下压 1/3 ~ 1/2 为宜，这样可支撑身体自然弯曲的颈部和头部，如木棉枕、荞麦皮枕等。枕头应经常晒洗。

2. 老年人室内的通风 老年人室内空气要流通。通风可调节室内外的温差，使新鲜的空气能进入到室内，增加室内氧气的含量，降低二氧化碳的浓度，减少病原微生物的数量，也是消除室内不良气味的重要措施。空气流通与温度的变换可以刺激皮肤血液循环，增加汗液的蒸发和热的消散，使老年人感觉舒适。老年人身体较弱，其抵抗力降低，如果老年人居室内通风不良，空气污浊，则增加呼吸道疾病传播的机会；同时污浊的空气中化学成分有所改变，可使老年人出现头晕、疲倦、食欲减退等症状。因此，室内应经常通风换气，冬季每日至少开窗通风 2 ~ 3 次，每次不少于 30 分钟；夏季要常开窗。通风时注意老年人的保暖，避免对流风。对通风条件差的房间，应安装空气调节装置，使空气流通，以保持空气新鲜（图 2-3）。

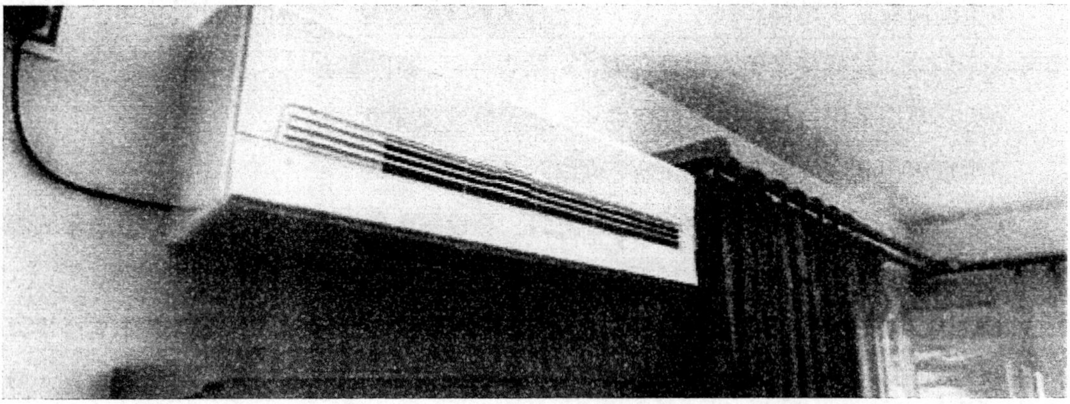

图 2-3 空调出风口扩散板

3. 老年人房间的光线 老年人房间光线要充足。老年人随着年龄的增长，视力会逐渐减退。辨别颜色的能力减弱，因此，对老年人房间光线的要求：

（1）自然光线：天然的光线给人们在视觉上带来舒适、欢快和明朗的感觉。紫外线具有杀菌能力。适量的日光照射还可以改善皮肤和组织器官的营养状态，尤其冬季可以使照射部位血管扩张、血流量增加、温度升高，使老年人感觉温暖、舒适、愉快。充足的光线，还有利于护理和观察工作。

窗户的大小、结构和方向影响光线。金属铝合金窗户有效采光面积可达 85% ~ 90%，木框门窗为 65% ~ 75%。质量较好的门窗玻璃，可使 80%进入的光线通过，仅有 20%的光线被反射。室内墙壁的颜色对光线反射也有很大影响，如浅色的墙面和天花板可反射 60%以上的光线，如果墙面是深色，会影响室内的光线。因此，老年人的室内墙面颜色不宜采用深色，另外应经常开启窗户，以便室内光线充足。

窗户清洁度影响采光。窗面玻璃有灰尘存积时，光线可损失35%～50%，所以要经常擦拭门窗，以便阳光直接照到室内，这样不但使老年人能够享受到阳光的温暖，而且获得充足的光线。在采用自然光线时，注意光线不要直射老年人的头面部，以防发生目眩。

（2）人工光线：室内的灯光亮度直接影响老年人的舒适感。老年人房间光线的亮度要比年轻人高3～4倍。

老年人活动的地方光线要充足。老年人经常走动的地方，如室内、走廊、厕所、楼梯、阳台等处，均要有照明设备，并可提高电灯的功率，或多安装几处灯来增加亮度，以保持光线的明亮。要提醒老年人夜间不要摸黑走路，或在没有完全清醒和身体平稳时就下床走路。

重视晚间的照明设施。在老年人常经过的地方，晚间要有照明设备，不能因为夜间使用少，而全部关闭。晚间电灯开关若在墙壁上，要有灯光显示，使老年人容易找到开关。

老年人的床头应设床头灯或台灯，以方便老年人夜间使用。床头灯最好是光线可调节型，开关应安装在老年人易触及的地方。

4. 老年人室内温、湿度要适宜　老年人的机体对温、湿度的调节能力下降，温度稍低一点老年人就会感到十分寒冷，因此，要注意温、湿度的调节。

（1）老年人房间的温度：老年人房间的温度冬季以18～22℃为宜，夏季以28～30℃为宜。温度过低或过高都会使老年人感觉不适。室温过高会使人的神经系统受到抑制，干扰消化系统及呼吸系统功能，并使老年人产生咽干、舌燥、心情烦躁；室温过低则因冷的刺激使人缺乏动力，肌肉紧张，缩手缩脚，容易导致老年人受凉。

老年人室内应备有温度计，以便及时了解室温变化。随着季节的变化经常会出现明显气温差，尤其冬季和夏季，除了根据气温变化增减衣服、被子外，还可根据所处的地理位置和经济状况因地制宜，调节室内温度。如使用空调、电暖气、电褥子、加盖毛毯，或在地面洒水、开窗通风等措施将室温提高或降低。

（2）老年人房间的湿度：老年人房间的湿度一般以相对湿度在50%～60%为宜。湿度过高时，有利于细菌的繁殖，同时机体水分蒸发慢，汗水排出缓慢，人会感到憋闷；湿度过低时，室内空气干燥，使人体水分蒸发过快，散失大量的热量，会引起呼吸道黏膜干燥、口干、咽痛、口渴等症状，对患有心脏、肾脏、呼吸道疾患的老年人更加不利。

在条件允许的情况下，室内应配有湿度计和空气调节器，以便观察和调节湿度。经常通风换气或使用空气调节器可调节湿度。也可采用一些简单的方法，如当湿度过低时，夏季可在地上洒水，冬季可在暖气片上或火炉上放水槽、湿毛巾等，也可使用润滑油帮助皮肤维持适当的湿度。另外在湿度过高或过低时，应注意老年人身体的清洁卫生和皮肤的保护，以免发生并发症，如毛囊炎、疖肿等。

5. 老年人生活环境的声响 安静的环境利于老年人的休息，凡是与环境不协调的、使人厌烦的和不需要的声响都称为噪声，长时间接触噪声对人体可产生不良的影响。当噪声超过60 dB时，就会使人感到嘈杂不安；若噪声大于90 dB且作用时间较长时，就能引起头晕、头痛、耳鸣、心悸、失眠、食欲不振、恶心等症状，严重时可使人脉搏、血压发生波动。老年人对噪声非常敏感，即使听到声音不大的噪声也会使身体感觉不舒服，出现情绪不佳、烦躁不安，最终影响休息和睡眠，甚至导致老年人出现健康问题，尤其是患病的老年人应特别注意。

控制噪声对保护老年人的安全具有重要意义。在设计控制噪声的方法时，应采取综合措施，如养老机构人员不得在老年人生活区域内大声喧闹。工作人员应做到走路轻、说话轻、动作轻。在公共区域内收听、收看电视广播时，其音量以自己刚能听到为宜；房间的门及椅脚应钉橡胶垫；带有轴节的物品，如门轴、轮椅车轴等应定时滴注润滑油，以免使用时发出噪声。

另外，由于一些老年人听力下降。在与人交流时又需要较大的音量，才能听清楚，这就需要养老护理员在与老年人交谈时，将语音控制在老年人能听到为度。

6. 防止辐射 日常生活中的辐射主要与使用家用电器有关，几乎所有的电器都会产生电磁辐射，如微波炉、电视机、电脑、手机等。辐射对人体血液系统和免疫系统都有相当程度的影响。长期接触辐射的人群易出现头晕、疲乏、记忆力衰退、食欲减退、烦躁易怒、血压变化、白细胞减少等症状。

为消除或减轻辐射对人体的不利影响，可以采取如下措施：

（1）屏蔽防护：在电视机、计算机等前面装置屏蔽体隔开或挡去一部分辐射对人体的作用。

（2）距离防护：辐射对人体的危害与距离成反比，距离辐射源越远，危害就越小。

（3）减少使用时间：辐射对人体的危害与时间成正比，接触电磁辐射的时间越长，受到的伤害越大。

（4）其他措施：彩电、冰箱、空调等电器不宜集中摆放，要适当分散，并注意开窗通风；此外，平时多进食新鲜牛奶，多食用蔬菜和水果，以增强机体免疫功能。

7. 保持室内整洁、舒适

（1）应定期对居室大扫除：每天用清洁的湿拖布擦拭地面，如果是用土或砖铺的地面，可将扫帚蘸清水后清扫，桌椅及其他家具用清洁的湿抹布擦拭，抹布要经常清洗，用后洗净晾干，不可使毛掸清扫墙壁、家具上的灰尘，以免灰尘飞扬。

（2）应经常清洗和晾晒床铺的用物：老年人起床后床铺要整理清爽，先将被褥里面向上翻摊开，晾30分钟后再折叠，以便被里上的汗液蒸发。床单扫净、拉平，使其无皱褶。

被单要经常更换、清洗，有大小便失禁的老年人应随时更换脏被单。

老年人的被褥要经常晾晒，晾晒时应放在阳光充足的地方，被褥要摊开，每隔 2 小时翻动一次。每次至少晒 6 小时，方可起到消毒的作用。

8. 安装室内外的安全设施 老年人由于身体的平衡功能逐年下降，不易保持身体的稳定；并且老年人由于视力下降、肌力减退、一些常见疾病（类风湿关节炎、帕金森病等）等因素的影响，易发生跌倒。

【预防跌伤】 一般应在以下几方面予以注意：

（1）防地板打滑：地板打滑引起老年人摔跤是很常见的，应慎选室内地板的材料，以木质防滑地板最为安全，如选用地板砖来铺地面，应选择防滑型地板砖，而且要及时擦干水或油渍，同时为防止打滑可铺上几块小地毯，但地毯要粘牢，防止滑动。

（2）防浴室内打滑：最好在浴缸中放置防滑垫子。对老年人及患有站立不稳疾患者，应在浴缸周围安装扶手。在浴缸外铺上垫子，以防因脚底潮湿而滑倒。垫子都需用固定的胶布粘牢，防止滑动。

（3）防绊倒：在老年人常走动的地方，应及时清理杂物，将杂物有序地摆放在角落或储藏间。活动室和卧室内物品应以简单为宜。家用电线的软线要压在地毯下，或者固定在墙壁上和地板的角落里。为了防止老年人在门槛上绊倒，在门槛处垫一块有一定倾斜度的三角形木板（过桥），形成斜坡，木板应固定好，不可滑动，便于行走。同时应特别注意卫生间、厨房、餐厅、卧室与客厅的地面保持相平。

（4）防楼梯滑倒：老年人最好居住在低层或带电梯的楼区，楼梯应不陡，楼梯边上装上扶手，扶手要稳，每个台阶上贴上防滑带效果更好。

（5）防光线不足：居室要宽敞明亮，不应采用容易造成视觉误导、眼花缭乱的玻璃纸装饰。

（6）老年人活动要缓慢：老年人血管运动中枢功能减低，腿脚欠灵活，因此，在活动时每个动作后可暂停片刻，防止眩晕和不稳定；在睡醒后不宜立即起床，应在床上躺半分钟，然后坐起半分钟，再双腿下垂半分钟，坚持这三个“半分钟”，动作要稳，不可过急，以免跌倒。

【有效措施】 防止许多致命性意外事故发生的有效措施：

（1）安装扶手：在走廊、厕所、楼梯边上、浴室等老年人经常活动的地方，要装上固定的扶手，扶手要稳定、牢固。

（2）门口地面不要有门槛：门槛容易使老年人在行走时被绊倒，因此，在老年人出入经过的房间门口、过厅、走廊等处不要设门槛。

（3）台阶的终止处或踏步边缘要涂上颜色或作标记：台阶的边缘要装防滑带，房间门口和楼梯台阶的终止处或踏步边缘处，要涂上不同的颜色或标上安全符号，以便老年人行走时能够辨认，因为台阶和地面颜色相同不容易分辨，可能会造成老年人踩空而扭伤或跌倒。

（4）阳台栏杆扶手不宜过低：老年人居室外阳台栏杆扶手高度不应低于 1.10m，以保证老年人在阳台活动的安全。

（5）浴室要有防滑措施，浴室的地面和浴盆都应设有防滑垫，以防老年人沐浴时滑倒。

（6）浴室、卫生间的门要设计或向外开，当老年人在卫生间内突然发生意外时，医务人员和养老护理员能及时、方便地进入，使老年人得到及时救护。

9. 布置与色调 老年人居住的室内与走廊、庭院内种植一些花草、树木。美丽清新的环境有利于老年人身心健康。老年人生活环境的布置力求简单实用，便于清扫和消毒。

房间窗帘的色彩可根据老年人的喜好选择令人心情愉快、庄重、淡雅的图案。室内家具的颜色采用老年人喜欢的色调，室内放置一定数量的装饰品和花卉。老年人房间的装饰、摆设，依老年人的喜好安排，如老年人的桌上可放置家人的照片、日历以及老年人喜欢看的东西。老年人使用的物品每天要进行整理，摆放整齐、美观，并便于老年人拿取使用。

居室的色调可根据老年人的爱好和居室的功能选择。红色使人兴奋，蓝色和绿色使人镇静。黄色和黄绿色使人感到舒适，青色和绿色对人的眼睛最有利，黄色和橘黄色可以刺激食欲。但是居室内无论选用哪种颜色，同一房间以不超过两种颜色为宜。

（二）人文环境的设计

养老机构是社会的组成部分，社会文化环境是指文化教育、娱乐、卫生保健等，它对人体健康有着深刻的影响。物质文化生活丰富，医疗卫生保健和卫生设施的完善，有利于老年人的精神生活，有利于改变传统的不良生活习惯与行为，增长防病治病的知识。为老年人提供技术、信息、照顾，提供感情、心理、人际交往等方面的支持，可增进个人与社会的协调，减轻心理压力，使老年人在感情上得到更多支持。感情支持是个人继续生活下去的最基本的动力，可以来自家庭、亲戚、朋友、邻居、同事和领导以及相关机构。感悟支持一方面可以满足个人感情交流的需要，另一方面可给予个人适当保护，免受伤害，缓解个人感情上的波动，保持内心平静。从而维持他们的身体、心理健康。因此，养老护理员应重视、促进养老机构社会文化环境的改善。养老机构应配套：

1. 休息厅 休息厅的设施应舒适，配有沙发、座椅、茶几或桌子，并有饮水的设备，可使老年人有机会、有条件在一起聊天，便于老年人之间建立相互关心、相互支持的人际关系。

2. 阅览室 阅览室内应有报纸、书刊、小说以及身体保健、疾病预防等方面的图书，以供老年人阅读。并根据自己条件建立阅览室管理制度，以防书刊的丢失或被损坏。

3. 绘画室和棋牌室　绘画室、棋牌室的设立，对有一定特长的老年人是非常重要的，可使喜欢绘画、下棋和打牌的老年人精神上得到满足，使他们的晚年生活更加丰富多彩。

4. 健身房　对于健康的老年人来说，健身房是不可缺少的。在那里他们不但可以健身，还在健身时可以结交更多的朋友，以利于老年人身心健康。因此，在条件已经具备的养老机构，可设立老年人健身房。若无条件建立健身房的机构，可在院内安装健身器械，以供老年人锻炼身体时使用。健身器械应适合老年人的身体状况，安全可靠。

5. 功能康复室　功能康复室可为某些肢体功能丧失的老年人，提供康复训练的场所。如手工制作、拍球训练等。

6. 保健室（医务室）　一般养老机构都应有保健室。保健室的医生、护士可为患病老年人提供简单的医疗、护理服务，并可对入住机构的老年人提供健康教育、健康咨询的服务，以便老年人掌握健康知识，促进老年人的健康。

在设计社会文化环境时，要注意温度、湿度、通风、光线等物理环境的要求。

任　务

利用周末时间去参观一所现代的养老公寓，如进入“如恩岁月”老年社区，观察样板间的装修特点。

课题四 老年人心理健康的评估

课前链接

进入老年期，老年人要面临退休、疾病、丧偶等生活事件。在面对和适应各种压力事件的过程中，老年人常有一些特殊的心理活动。老年人的心理健康直接影响其躯体健康和社会功能状态，因此掌握老年人的心理活动特点及影响因素，正确评估老年人的心理健康状态，有针对性地进行心理健康指导，对维持和促进老年人的身心健康有重要作用。

一、老年人功能状况评估

老年人功能状况评估可从2个方面反应，首先是基本的日常生活活动能力（activities of daily living, ADL），ADL是老年人自己照顾自己，从事每天必需的日常生活的能力，例如：吃饭、穿衣、洗漱、上下床、上厕所、控制大小便等。丧失这一方面的功能则失去生活自理的能力，常需要护理人员的帮助。其次是工具使用的生活活动能力（instrumental activities of daily living, IADL），IADL是反映老年人社会适应能力，包括做饭、做家务、服药、购物、使用电话、旅游等内容。丧失这方面功能则不能进行正常的社会生活，只能在家庭狭小的范围内活动。

目前常用Katz-ADL量表（表2-1）和Lawton -IADL量表（表2-2）来评估老年人ADL和IADL，以确定其能否在家生活，是否需要家庭护理。

表2-1 Katz日常生活能力评估表

生活能力	项目	计分
进食	进食自理不需要帮助	2
	需要帮助备餐，能自己进食	1
	进食或经静脉给营养时需要帮助	0
穿衣	取衣和穿衣不需要帮助	2
	仅在系鞋带时需人帮助	1
	取衣或穿衣需要帮助或部分或完全不能自穿衣服	0
沐浴（盆浴、海绵浴、淋浴）	沐浴不需要帮助	2
	沐浴时身体某部位（如背）需要帮助	1
	沐浴时身体某部位或多部位需要帮助或不能沐浴	0

续表

生活能力	项目	计分
移动	自如（可以使用手杖或助步器） 上下床或在椅子上入坐需要帮助 不能起床	2 1 0
上厕	去浴室、上厕、清洁、收拾衣服和回来不需要帮助（可以借助手杖或助步器），晚上可以用便盆 去浴室、上厕、清洁、收拾衣服或回来需要帮助 不能去浴室大小便	2 1 0
失禁	完全控制大小便（没有偶然意外） 偶尔大小便失控 大小便需要专门帮助，需要用导尿管，或大小便失禁	2 1 0

表 2-2　Lawton 日常生活中操作设备能力表

生活能力	项目	计分
你能自己做饭吗？	不需要帮助 需要一些帮助 完全不能自己做饭	2 1 0
你能自己做家务或勤杂工作吗？	不需要帮助 需要一些帮助 完全不能自己做家务	2 1 0
你能自己服药吗？	不需要帮助（即能准时服药、剂量正确） 需要一些帮助［即别人帮助准备药，和（或）提醒服药］ 没有帮助完全不能服药	2 1 0
你能去超过步行距离的地方吗？	不需要帮助 需要一些帮助 除非作特别安排，否则完全不能旅行	2 1 0
你能出去购物吗？	不需要帮助 需要一些帮助 完全不能自己去购物	2 1 0

续表

生活能力	项目	计分
你能自己理财吗？	不需要帮助	2
	需要一些帮助	1
	完全不能自己理财	0
你能打电话吗？	不需要帮助	2
	需要一些帮助	1
	完全不能自己打电话	0

二、老年人认知和精神健康评估

通过观察与会谈可初步了解老年人的认知水平与精神状况，也可用测试表作定量评估。常用简易精神状态测试表（表 2-3）作为认知功能失常的筛选测试。该测试结果受教育水平和年龄影响，85 岁受过 0 ~ 4 年教育的老年人得分期望值是 20，5 ~ 8 年教育水平的期望值是 24，9 ~ 12 年的期望值是 26，大于 12 年的期望值是 28。得分低于相应年龄和教育水平期望值可能意味着痴呆、谵妄或严重抑郁。

1982 年 Brink 等制老年人抑郁量表（GDS）。GDS（表 2-4）是专为老年人编制并在老年人样本中标准化了的抑郁量表，共 30 个条目代表了老年抑郁的核心，包含以下症状：情绪低落、活动减少、易激惹、退缩、痛苦的想法，对过去、现在与将来的消极评价，可作为老年人抑郁水平和筛查老年抑郁症的首选量表。判断方法，第 1、5、9、15、19、21、27、29、30 项回答“否”得 1 分，其余 20 项回答“是”得 1 分。各项得分相加为总分。0 ~ 10 分为正常，11 ~ 20 分为轻度，21 ~ 30 分为中至重度。

表 2-3　简易精神状态测试表

项目	得分	项目	得分
定向能力		重复能力	
今天是		让患者复述句子“四十四只石狮子”	1
年？	1	理解	
季节？	1	让患者按命令执行 3 步动作：“用右手拿纸，将纸对折，把纸放在地板上”。每做对 1 步给 1 分	3
星期？	1		
日期？	1		
月？	1		

续表

项目	得分	项目	得分
我们现在在			
县 / 街道？	1	阅读	
省？	1	让患者按所写的指令执行："请闭上你的眼睛"	1
镇 / 市？	1		
所住的地址？	1		
楼层？	1		
识记		书写	
说出三样物体的名称，每样间隔 1 秒钟。患者每说出一样得 1 分。重复这三样物体的名称直到患者都学会。按第 1 次的结果打分	3	让患者随意写（说）一个句子。如果句子有主语和谓语并能表达一定的意思即给 1 分。字写错没关系	1
注意和计算		画	
要求患者计算 100–7，余数再减 7，连续减 5 次。每个正确回答得 1 分	5	让患者按下图（放大）画。画出 2 个五边形，中间交叉成一个四边形即给 1 分 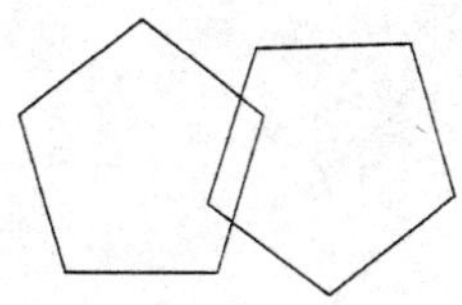	1
回忆			
要求患者说出刚才识记时学会的 3 样物体的名称。每说出 1 样给 1 分	3		
命名			
指着铅笔和手表让患者说出名称，说出 1 样得 1 分	2		
总分：			30

表 2-4 老年人抑郁量表

指导语：选择最切合您最近 1 周的感受的答案		
1. 您对生活基本上满意吗？	是	否
2. 您是否放弃了许多活动和兴趣爱好？	是	否
3. 您是否感到生活空虚？	是	否
4. 您是否常常感到厌烦？	是	否
5. 您觉得未来有希望吗？	是	否
6. 您是否因为脑子里一些想法摆脱不掉而烦恼？	是	否
7. 您是否大部分时间精力充沛？	是	否
8. 您是否害怕将有对己不利的事情发生？	是	否
9. 您是否大部分时间感到幸福？	是	否

续表

指导语：选择最切合您最近 1 周的感受的答案		
10．您是否常感到孤立无援？	是	否
11．您是否经常坐立不安？	是	否
12．您是否希望呆在家里而不愿去做些新鲜事？	是	否
13．您是否常常担心将来？	是	否
14．您是否觉得记忆力比以前差？	是	否
15．您觉得现在活着很惬意吗？	是	否
16．您是否感到心情沉重？	是	否
17．您是否觉得现在这样活着毫无意义？	是	否
18．您是否总为过去的事忧愁？	是	否
19．您觉得生活很令人兴奋吗？	是	否
20．您开始一件新的工作很困难吗？	是	否
21．您觉得生活充满活力吗？	是	否
22．您是否觉得您的处境已毫无希望？	是	否
23．您是否觉得大多数人比您强得多？	是	否
24．您是否常为小事伤心？	是	否
25．您是否常觉得想哭？	是	否
26．您集中精力有困难吗？	是	否
27．您早晨起来很快活吗？	是	否
28．您希望避开聚会吗？	是	否
29．您做决定很容易吗？	是	否
30．您的头脑像往常一样清晰吗？	是	否

任　务

请同学们在 2 周内定向观察家里的某位老年人，记录老年人的个性特征，以一个具体事例分析老年人的心理需求以及做出相应的应对，完成一份报告。

模块三 老年人常见心理问题及其健康维护

学习目标

1. 熟悉焦虑、孤独、抑郁、自卑、多疑、恐惧等六类老年人常见心理现象
2. 掌握帮助老年人减轻心理问题的基本方法

近年来，老年人心理健康问题日益严重，每年都有不少老年人自杀。人一辈子过得并不容易，那么这些老年人为何在本该安享晚年的时候选择离开人世呢？

有调查显示，老年人中有 70% 以上被人际关系问题困扰；其次是死亡带来的恐惧和悲伤。可见，心理问题是促使他们做出这一选择的主要原因。

有专家表示，目前老年人的心理问题更多体现在情绪方面，但老年人很少会有持续 1 个月以上的情绪，如果老年人“时晴时雨”，晚辈不必过于担心。相反，老人长期陷于负面情绪的情况容易被儿女习以为常，这更应该引起家人警惕。本模块将从焦虑、孤独、抑郁、自卑、多疑、恐惧等六类老年人常见的心理问题入手，指导护理员应对的基本方法。

课题一 焦 虑

课前链接

老年人在退休后，大部分都会闲暇待在家里。不少的老年人会觉得自己辛苦了一辈子，现在终于有了自己的时间和空间，可以去做完全属于自己事情。然而有一部分老年人却无法体会到这种生活的惬意，因为此时他们已被焦虑困扰。那老年人焦虑的原因及表现有哪些？又该如何防护呢？

焦虑失调是老年人心理疾病的重要成因和表现之一。经常看到有些老年人心烦意乱，坐卧不安，有的人为一点小事而提心吊胆，紧张恐惧。这种现象在心理学上叫作焦虑，严重者称为焦虑症。

焦虑是一种很普遍的现象，几乎人人都有过焦虑的体验，适度的焦虑有益于个体更好地适应变化，有利于个体通过自我调节保持身心平衡等。但持久过度的焦虑则会严重影响个体的身心健康。

一、老年人焦虑的主要表现

焦虑包括指向未来的害怕不安和痛苦的内心体验、精神运动性不安以及伴有自主神经功能失调表现三方面症状，分急性焦虑和慢性焦虑两类。

急性焦虑主要表现为急性惊恐发作。老年人发作时突然感到不明原因的惊慌、紧张不安、心烦意乱、坐卧不安、失眠，或激动、哭泣，常伴有潮热、大汗、口渴、心悸、气促、脉搏加快、血压升高、尿频、尿急等躯体症状。严重时，可以出现阵发性气喘、胸闷，甚至有濒死感，并产生妄想和幻觉。急性焦虑发作一般持续几分钟到几小时，之后症状缓解或消失。

慢性焦虑主要表现为持续性精神紧张。慢性焦虑老年人具体表现为经常提心吊胆，有不安的预感，平时比较敏感，处于高度的警觉状态，容易激怒，生活中稍有不如意就心烦意乱，易与他人发生冲突，注意力不集中，健忘等。

持久过度的焦虑可严重损害老年人的身心健康，加速衰老，增加失控感，损害自信心，并可诱发高血压、冠心病；急性焦虑发作可导致脑卒中、心肌梗死、青光眼高压性头痛失明，以及跌伤等意外发生。

二、老年人焦虑的主要原因

造成老年人焦虑的可能原因有：①体弱多病，行动不便，力不从心；②疑病性神经症；③各种应激事件，如离退休、丧偶、丧子、经济窘迫、家庭关系不和、搬迁、社会治安以及日常生活常规的打乱等；④某些疾病如抑郁症、痴呆、甲状腺功能亢进、低血糖、体位性低血压等，以及某些药物副作用，如抗胆碱能药物、咖啡因、β-受体阻滞剂、皮质类固醇、麻黄素等均可引起焦虑反应。

三、老年人焦虑心理护理的主要措施

1. 提高认识 通过社区宣传教育让老年人充分认识焦虑症，充分认识到心理疾病、特别是焦虑和抑郁症也是常见疾病，正视它，不要掩饰它的存在，以促使疾病得到及时诊治。现实情况是，当老年人第一次被医生诊断为患有某种心理疾病如焦虑症或抑郁症时，只有极少数老年患者认同医生诊断且配合治疗，绝大多数老年患者会否认自己患有该病，不能配合医生治疗，结果延误了病情，耽误了治疗。

2. 融入社会，适应社会环境的变化　如通过积极地参加户外生活、参加老年大学、加入老年俱乐部等，及时适应社会环境变化，可以减少焦虑的发生，缓解焦虑症状。当注意力转移到新的事物上去时，心理上产生新的体验有可能逐渐驱逐和取代原有的焦虑心理。

3. 药物治疗　除了心理调节外，焦虑症的治疗通常还需要药物的干预。抗焦虑药品繁多，其临床效果无太大差异，但存在个体差异。临床常用的品种有三环类（阿米替林等），还有 SSRI 类（氟西汀、帕罗西汀、舍曲林、西酞普兰等），SNRI 类（文拉法辛等）及中成药类（乌灵胶囊）等，还有多数抗焦虑药物临床起效较慢，需要 1 ~ 2 周才逐渐显现临床效果。

任　务

一、真实案例及分析

陈阿婆以前是一名普通的工人，退休以后没过多久，老伴因肺癌离开了她。从此以后，陈阿婆脸上的笑容少了，变得不爱说话，一个人在家里总是忙来忙去地做事情，但是却没有做好过一件事，还老是忘记很多事情。

儿子和儿媳见陈阿婆这样，心里很不是滋味，就商量着怎么让老人走出这样的痛苦生活。儿子几次尝试着去接母亲过来和自己一起住，但是都被母亲拒绝了。后来，儿子借口工作忙，请陈阿婆来帮助照顾孩子，她才答应过来跟儿子一起住。平时操持家务，含饴弄孙，陈阿婆脸上渐渐又有了儿子以前熟悉的笑容，儿子、儿媳也大为宽心。

原本以为问题都解决了，可时间一长，陈阿婆又像变了一个人一样，开始疑神疑鬼，总是担心别人会伤害孙子；经常在孙子还没有放学的时候，她就早早在学校门口等着，而且常常上医院看病，说是身体不舒服；情绪时好时坏，坏起来会暴跳如雷。

1. 症状概述　以上案例中陈阿婆的情况，在老年人（特别是独居老年人）中经常出现。这样的老年人通常表现为与现实处境不符的持续恐惧不安和忧心忡忡，自卑、自信心不足、胆小怕事、谨小慎微、疑神疑鬼、对轻微挫折或身体不适容易紧张、焦虑或情绪波动。

2. 护理员应对心理　作为护理人员，应站在陈阿婆的角度从老年人的关注点出发去寻求解决问题的方法和途径。在这个过程中需要护理员，有细心、耐心、恒心，以宽容的态度对待老人。护理员应该具备老年心理方面的专业知识，具备心理辅导的基本技术和老年护理员的职业操守。

3. 护理措施 根据陈阿婆的症状，护理员决定采用认知疗法、心理支持疗法对其进行心理疏导。具体做法：

（1）要有一个良好的心态，保持心理稳定，不可大喜大悲。要心宽，凡事想得开，要使自己的主观思想不断适应客观现实。

（2）自我疏导，当出现焦虑时，首先要意识到自己这是焦虑心理，要正视它，不要用自认为合理的其他理由来掩饰它的存在。其次要让阿婆树立起消除焦虑心理的信心，充分调动主观能动性，运用注意力转移的原理，及时消除焦虑。当注意力转移到新的事物上去时，心理上产生的新的体验有可能驱逐和取代焦虑心理。

4. 观察与评估 通过护理员的努力，几周后，陈阿婆的焦虑情绪得到了明显缓解。对孙子的照料更加理性，也不动不动发脾气了。

二、情景分析

请教师组织学生进行以下情景训练，指导学生填写文后表格，并对学生做出评价。

图 3-1 焦虑

赵爷爷，85 岁，行动不便。子女为生计打拼，不得已把他送到养老院。赵爷爷晚上 7 点就睡觉，白天走路都困难的他睡前却总是把屋里的椅子摞起来挪到门口把房间门顶上。平时他总疑心有人进来偷东西（图 3-1）。

老年人心理护理操作评价表

症状概述	1. 案例中的老年人属于什么症状	
	2. 这种症状的特点是什么	
	3. 老年人有什么需求	
护理员应对心理	1. 护理员应站的角度	
	2. 护理员应有的心态	
	3. 护理员应具备的心理方面的基础知识	
护理措施		
评价	教师签名：	

课题二 抑 郁

课前链接

王奶奶，72岁。近半年变得不爱运动，动作缓慢僵硬，扫地、拖地这样简单的家务劳动也需要很长时间才能完成，也不爱主动讲话。家人多次问她，她才以简短的言语低弱的声音答复，面部表情变化少，有时双眼凝视发呆，对外界动向常无动于衷。

家人带她到医院内科求治，疑诊帕金森氏病，但用美多巴等药物治疗无效。张副教授在接诊这个患者时，发现提到她老伴时眼含泪花，反复追问她才讲许多事情自己都做不了，想不起怎么做，头脑一片空白。这是老年抑郁症中并不少见的迟滞性抑郁，通过抗抑郁药物治疗，王老太完全康复了。

抑郁和焦虑一样，是一种极其复杂，正常人也经常以温和方式体验到的情绪状态；作为病理性情绪，抑郁症状持续的时间较长，并可使心理功能下降或社会功能受损。抑郁程度和持续时间不一，当抑郁持续2周以上，表现符合心理疾病诊断统计手册第四版（DSM-Ⅳ）的诊断标准则为抑郁症。

抑郁高发年龄大部分在50～60岁。抑郁症是老年期最常见的功能性精神障碍之一，抑郁情绪在老年人中更常见。老年人的自杀通常与抑郁有关。

一、老年人抑郁的主要表现

抑郁症状主要包括情绪低落、思维迟缓和行为活动减少三个主要方面。要识别老年抑郁症并不困难，只要发现老年人具有持续2周以上的抑郁、悲观、焦虑情绪，伴有下述9项症状中的任何4项以上者，都可能是老年抑郁症。这9项症状包括：

1. 对日常生活丧失兴趣无愉快感。
2. 精力明显减退，无原因的持续疲乏感。
3. 动作明显缓慢，焦虑不安，易发脾气。
4. 自我评价过低、自责或有内疚感，严重者感到自己犯下了不可饶恕的罪行。
5. 思维迟缓或自觉思维能力明显下降。
6. 反复出现自杀观念或行为。
7. 失眠或睡眠过多。
8. 食欲不振或体重减轻。
9. 性欲明显减退。

二、老年人抑郁的主要原因

导致老年人抑郁的可能原因主要有：①增龄引起的生理、心理功能退化；②慢性疾病如高血压、冠心病、糖尿病及癌症等，躯体功能障碍和因病致残导致自理能力下降或丧失；③较多的应激事件，如离退休、丧偶、经济窘迫、家庭关系不和等；④低血压；⑤孤独；⑥消极的认知应对方式等。

三、老年人抑郁心理护理的主要措施

由于老年人与年轻人的生理、心理存在差异，所以在治疗过程中既要把握抑郁症治疗的一般原则，也要针对老年人的特点选择适宜的治疗方法。

1. 药物治疗　老年患者的用药注意事项：

（1）影响老年人用药的因素很多，不同个体在老化过程中其生理、心理的变化程度不一样，都具有其特定的选择性。因此，合理用药、个体化用药是必须遵循的用药原则。开始用药从小剂量逐渐增至治疗量，停药时也应逐渐减量，以免引起停药反应。

（2）由于老年人肾脏排泄功能减退，肝血流减少，药物在老年人肝脏的代谢效率降低，可使半衰期延长，药物排泄慢。所以老年人的标准日剂量应为低量，一般为年轻人的一半或更低，采用多次给药的方法较为适宜，以避免药物过量。

（3）老年人对药物不良反应耐受力低，特别是对抗胆碱和心血管不良反应等，故应尽量选择不良反应小的药物。

（4）老年患者常伴有躯体疾病，在治疗时既要全面照顾，又要考虑各种药物相互之间的影响。

（5）老年期情感障碍的治疗同样要疗程充分。由于复发率高，持续维持治疗非常重要，疗程相对要长些。

2. 心理治疗　心理治疗在老年期抑郁症治疗中的地位十分重要，抗抑郁剂合并心理治疗的疗效高于单用抗抑郁剂或心理治疗，心理治疗可改善预后，有助于预防复发。尤其起病前有明显心理因素的患者，更应进行心理治疗。老年患者常选用支持性心理治疗、认知和行为治疗、家庭治疗等心理治疗方法和其他疗法，如睡眠剥夺、经颅磁刺激等治疗，可以在老年抑郁症的治疗中，进一步研究尝试。

3. 预防复发　由于老年期情感障碍的发生与心理社会因素密切相关，身体老化与躯体疾病也是重要的诱发因素。因此，根据不同高危人群，采取相应的有效措施，对老年期情感障碍复发的预防会起到积极的作用。

（1）加强对老年人群的精神卫生知识宣传，以做到早发现，早治疗。

（2）坚持维持治疗：药物维持治疗是预防老年期情感障碍复发的主要措施。情感障碍的治疗分为三个阶段：急性期治疗、巩固治疗及维持治疗阶段。

（3）营造良好的家庭生活环境和社会支持系统是预防老年期抑郁症的重要环节。

任　务

一、真实案例及分析

李奶奶自丈夫去世后一个人居住，她身患心脏病、高血压、视力稍模糊，日常生活基本自理。子女不放心其一人居住且无时间照顾，经再三劝说后，将其送入福利院。李奶奶内心极不情愿，刚到福利院的几天，整日以泪洗面，认为自己被子女抛弃了。李奶奶很爱干净，但同寝老人患有严重痴呆，经常随地大小便，因此李奶奶常与其陪护发生冲突。李奶奶性格较孤僻，与其他老人和不来，平时独来独往。子女周末和节假日会时常来看望老人，孙子、孙女也来看望老人，但李奶奶入住机构后常处于孤单、寂寞中。

1. 症状概述　以上案例中李奶奶的情况，是典型的老年抑郁症的表现。这样的老年人通常主要表现为显著而持久的情绪低落，悲观失望。患者常体验到与过去明显不同，对生活没有兴趣，提不起精神，高兴不起来，整日忧心忡忡、郁郁寡欢、度日如年、苦不堪言。

2. 护理员应对心理　作为护理员，应该明白李奶奶的抑郁症是老年人常见心理问题。护理人员应该具备专业的职业道德与职业操守，看护老人有耐心、有爱心，用过硬的医疗知识与护理技术积极带领老人走出抑郁症的阴霾。

3. 护理措施　根据李奶奶的症状，护理员决定采用心理治疗法对其进行心理疏导。具体做法是：

（1）顾好老人生活起居，生活要有规律，早睡早起。在条件许可的情况下，每天都应安排一段时间的户外活动。注意气候变化，积极预防躯体合并症发生。

（2）保证患者的心理卫生。护理员要特别注意抑郁老人精神心理卫生。要善于观察，从老人微小的情绪变化上发现其心理的矛盾、冲突等，有针对性地做心理说服、解释、劝慰、鼓励工作。选看一些电视风光片、音乐片和喜剧片。鼓励李奶奶参加一些老年社会活动，结交朋友，调节情绪。

4. 观察与评估　通过护理员的努力，几周后，李奶奶的抑郁症状得到了明显缓解，也不再终日以泪洗面了。

二、情景分析

请教师组织学生进行以下情景训练，指导学生填写文后表格，并对学生做出评价。

陈婆婆，79岁，老伴过世后子女将其送往养老院生活。本来喜欢打麻将、个性开朗的陈婆婆自从进入养老院后，在生活中的兴趣明显地减少，原来喜欢的事情，愿意参加的活动都逐渐地放弃，什么都懒得干，甚至觉得生活变得枯燥乏味，生活没有意思，活着没有价值（图3-2）。

图3-5　抑郁

老年人心理护理操作评价表

症状概述	1. 案例中的老年人属于什么症状	
	2. 这种症状的特点是什么	
	3. 老年人有什么需求	
护理员应对心理	1. 护理员应站的角度	
	2. 护理员应有的心态	
	3. 护理员应具备的心理方面的基础知识	
护理措施		
评价	教师签名：	

课题三　孤　　独

课前链接

刘妈妈前天打电话，问我什么时候上班，下课了去她那里，以后午饭去她那里吃。

刘妈妈是爸爸的老同事，今年八十多岁。她是20世纪40年代的大学生，教了一辈子书，退休都快三十年了。刘妈妈有五个女儿，她长期居住在女儿家。我到现在都记得，为了外孙子的学习，当年六七十岁的她东跑西跑给孩子聘请家教。现在外孙子也到了成家的年龄了。前年她买了学院的一套房子，今年就搬了进去。在电话上她很自豪地告诉我："我一辈子都住女儿家，现在有自己的房子了，你来吧。"但是她又说："学院新区还是不方便，而且搬来住的人不是很多，虽然一周会有一个女儿陪着，我还很孤独，很想跟你们说说话，你下了课过来，以后就到刘妈妈这边吃午饭吧。"我周一才有课，所以去新区也只是熟悉环境，没有待很长时间，但我答应刘妈妈，会去看她。

孤独，是一种被疏远、被抛弃和不被他人接纳的情绪体验，是一种心灵的隔膜。

孤独感在老年人中非常常见。我国上海一项调查发现，在60～70岁的人中有孤独感的占1/3左右，80岁以上者占60%左右。美国医学家詹姆斯等对老年人进行长达14年的调查研究，得出结论：独隐居者得病的机会为正常人的1.6倍，死亡的可能性是爱交往者的2倍。他对7000名美国居民做了长达9年的调查研究发现，在排除其他因素的情况下，那些孤独老人的死亡率和癌症发病率比正常人高出2倍。因此，解除老年人的孤独感是个不容忽视的社会问题。

一、老年人孤独的主要表现

孤独寂寞、社会活动减少会使老年人产生伤感、抑郁情绪，精神委靡不振，常偷偷哭泣，顾影自怜，如体弱多病，行动不便时，上述消极感会更加加重，久之，身体免疫功能降低，更易患病。孤独也会使老年人选择更多的不良生活方式，如吸烟、酗酒、不爱活动等，不良的生活方式与心脑血管疾病、糖尿病等慢性疾病的发生和发展密切相关。有的老年人会因孤独而转化为抑郁症，有自杀倾向。

二、老年人孤独的主要原因

导致老年人孤独的可能原因为：①离退休后远离社会生活；②无子女或因子女独立或

成家后成为空巢家庭；③体弱多病，行动不便，降低了与亲朋来往的频率；④性格孤僻；⑤丧偶。

三、老年人孤独心理护理的主要措施

老年人摆脱孤独，一方面需要社会和子女共同努力。社会对离开工作岗位而尚有工作能力的老人创造工作机会，为有学习要求的老人创造学习的机会。做子女的必须从内心深处诚恳地关心父母，充分认识到空巢老人在心理上可能遭遇的危机，和父母住同一城镇的子女，与父母住处的距离最好不要太远；身在异地，与父母天各一方的子女，除了托人照顾父母，更要注重对父母的精神赡养，尽量常回家看看老人，或经常与父母通个电话等进行感情和思想的交流。丧偶的老年人独自生活，往往感到寂寞，子女照顾也非长久之策，别人都代替不了老伴的照顾，子女应该支持老年人的求偶需求。另一方面，老年人也可以作出力所能及的努力。老年人应积极而适量地参加各种力所能及的有益于社会和家人的活动，在活动中扩大人际交往，做到老有所为，既可以消除孤独与寂寞，更可以从心理上获得生活价值感的满足，增添生活乐趣；也可以通过参加老年大学的学习以消除孤独感，培养广泛的兴趣爱好，挖掘潜力，增强幸福感和生存的价值。

任　　务

一、真实案例及分析

> 张爷爷退休后，本该享受天伦之乐，但是由于子女不在这座城市上班，孙子也没有承欢膝下，所以他几乎算是一个“空巢老人”，常感觉空虚失落，喜欢怀旧，总拿过去的幸福生活与现在的退休生活做比较，回忆过去的美好时光，总是产生伤感情绪。

1. 症状概述　以上案例中张爷爷的情况，是老年孤独症的表现。这样的老人通常空虚失落，缺乏对生活的乐趣，觉得自己被社会遗弃，因此整日郁郁寡欢。

2. 护理员应对心理　作为护理人员，应体会张爷爷孤单的心情。在平时的护理工作中，多去关心、体贴老人。做到无微不至的护理照顾。

3. 护理措施　根据张爷爷的症状，护理员决定采用以下方式进行看护。具体做法是：

（1）充实好老人的生活。为了克服孤独感，可多培养老人体育锻炼、书画、养花等兴趣爱好，使自己在精神上有所寄托。

（2）增加人际交往。尽量带领老人参加社会活动，结交新朋友特别是与同龄人进行沟通和交流，这样孤独感就会渐渐消失了。

（3）尝试“老幼结对”。案例中张爷爷的子女均不在身边，但作为护理员可以多发动社区作用，邀请周边小朋友来养老院陪伴老人。老人可以向孩子讲授生活常识和传统故事，并同孩子一起下棋、一起做手工等，使自己感受到生活的乐趣，从而摆脱孤独的阴影。

4. 观察与评估 通过护理员的努力，张爷爷很快走出孤独感，脸上重拾笑容，又变成了一个愉快、豪爽的爷爷。

二、情景分析

请教师组织学生进行以下情景训练，指导学生填写文后表格，并对学生做出评价。

图3-3 孤独

谢奶奶和唐爷爷都是离休干部，离休金不少，日子过得很宽裕。两个儿子事业也都小有成就。前些年，小儿子还移民去了美国。所以，不管走到哪里，别人都羡慕。孩子们有出息了，可是老两口却寂寞了（图3-3）。一年到头，家里的每个角落都是冷冷清清的。为了不那么寂寞，老两口选择到养老院居住，至少还有人可以说话。

在美国的小儿子，几年都难见一面。谢奶奶有时躲在房间里偷偷抹眼泪。也不是孩子不孝顺，几年前，小儿子曾动员老两口去美国和他们一起生活。但到了美国以后他们才发现，什么都听不懂、看不懂，并且儿子和儿媳都忙于各自的事业，很少有时间陪他们。所以，在美国连个和他们讲讲话的人都没有，老两口就像两个既聋又哑的睁眼瞎。虽说和儿子住在了一起，但感觉更孤独。因此，老两口在那儿只住了一个多月就回国了。

大儿子虽然和他们住在同一座城市里，但因为工作忙，也不能常回家看看。以前，老两口有事没事总想给孩子打个电话。给小儿子打越洋电话，费用太昂贵，那就给大儿子打。可大儿子正在上班，忙着呢，一听没什么要紧事，三言两语就挂掉了。后来，他们也就不打了，怕影响孩子工作。现在，老两口最怕的是过节，因为好几年一家人都没有吃过一顿真正的团圆饭了。

老年人心理护理操作评价表

<table>
<tr><td rowspan="3">症状概述</td><td>1. 案例中的老年人属于什么症状</td><td></td></tr>
<tr><td>2. 这种症状的特点是什么</td><td></td></tr>
<tr><td>3. 老年人有什么需求</td><td></td></tr>
<tr><td rowspan="3">护理员应对心理</td><td>1. 护理员应站的角度</td><td></td></tr>
<tr><td>2. 护理员应有的心态</td><td></td></tr>
<tr><td>3. 护理员应具备的心理方面的基础知识</td><td></td></tr>
<tr><td>护理措施</td><td colspan="2"></td></tr>
<tr><td>评价</td><td colspan="2">教师签名：</td></tr>
</table>

课题四　自　卑

课前链接

老张最近老是不爱在家待着，回到家也不喜欢讲话，整天都闷闷不乐。每天老张都独自一人在周围的公园、超市、商场等地方转悠，路上也很少和人打招呼，也不买东西，坐在公园里经常呆呆地看着前方，时不时还长叹一声。经常到了吃饭的时间也不回家。家里的人很着急，问他原因，他总是摇摇头，不说话。最近他连给儿子和孙子打电话都越来越少了，孩子打电话来，也总是说，"没什么，还好，就这样吧"，诸如此类简单的语言。他总是说，"自己老了，是累赘，没有用了，活一天就是给人找一天麻烦之类的话。"

自卑是指低估自己的能力，觉得自己各方面不如人。自卑，可以说是一种性格上的缺陷，是一种消极的情感体验。表现为对自己的能力、品质评价过低，同时可伴有一些特殊的情绪表现，诸如害羞、不安、内疚、忧郁、失望等。当人的自尊需要得不到满足，又不能恰如其分、实事求是地分析自己时，就容易产生自卑心理。老年人由于身体生理功能下降、角色转换、家庭矛盾等原因易产生自卑的情绪，如不及时地加以疏导会影响正常的生活。

一、老年人自卑的主要表现

1. 怯于与人交往　自卑的老年人喜欢独处，经常独自行动。这样的老年人一般都不愿意参加聚会，不愿意到人多的地方去，很少到户外活动，不喜欢和人交流，包括跟自己的亲人和子女的交流也很少。

2. 固执己见　一部分老年人不愿意接受因年龄带来的负面问题，不愿意接受别人对自己的否定，因此显得格外的固执。如有些老年人经常会回忆过去的往事，但是不允许有人提出异议，一旦有人提出他记错了之类的异议，他就会抬高嗓门，大发雷霆，坚持己见。

3. 对自己不满　主要表现在两个方面：一个方面表现为对自己的身体不满，这主要是年轻时身体状况很好的老年人，进入老年期后，出现了生理功能的退化，让老年人觉得不能适应，有的老年人经常说自己不中用了，就是这个原因；另一方面表现为对自己的生活状态不满，特别是从重要工作岗位上退休的一些老同志，他们年轻时做出过许多骄人的成绩，得到了很多的尊重和光环，从岗位退下来后一时不能适应平淡的生活，觉得自己的生活无意义，找不到自我满足表现出来的自卑情绪，认为没有人再重视他，再尊重他了。

4. 认为自己是累赘　这是最为常见的一种老年自卑表现，觉得自己在家里没有发挥什么作用，只是活一天算一天，自己不能为子女做什么，成为了子女的累赘，特别是年老后没有固定收入、患重病及瘫痪在床的老年人更容易产生这种自卑心理。

5. 被抛弃感　有些老年人在年轻时在生活或事业上受到过较大的挫折，生活圈子较小，缺少朋友。年老后，觉得自己的子女和配偶都有自己的生活圈子，自己却没有，经常有被冷落和即将被抛弃的感觉。

二、老年人产生自卑的主要原因

1. 生理功能下降

（1）由于机体老化引起的生活能力下降，会让老年人觉得很简单的生活小事都料理不好，从而引起自卑心理。

（2）疾病引起的部分或全部生活自理能力和适应环境的能力丧失，觉得拖累了身边的朋友和家人，产生无用感。

2. 角色转化　很多老年人年轻时是家里的顶梁柱，是一家之主，在经济上、思想上、文化水平上都处于领导者的地位，离退休后，出现角色转换障碍，这在从领导岗位上退下来的老人身上最常见。进入老年后，随着子女的自我独立，这种领导者的地位逐渐淡化，让很多老年人不适应。认为大家都不听他的了，大家越来越不尊重他，他越来越得不到重视了，引发了他愤懑、忧虑、自卑的心理。可表现为发牢骚、埋怨，指责子女或过去的同事和下属，或是自暴自弃。

3. 不安全感

（1）因为家庭矛盾或者是家庭经济窘迫，老年人觉得在街坊邻居面前没有颜面，生活没有优越感，从而引发自卑情绪，并因此可能诱发各种精神障碍，如神经衰弱、焦虑症、抑郁症、疑病症、恐惧症、强迫症、癔症等。

（2）因为外界环境的变化，有些老年人因不能适应现代社会的快速变化，引起对外界反感、偏见，从而封闭自己，同时也产生孤独无助的感觉，变得自卑。

三、老年自卑心理护理的主要措施

1. 认知调节　从认知上来说，首先，要肯定自己的价值：每个人都是独特的，每个人的存在，都是有价值的——“我存在固我有价值！”老年人的很多自卑情绪都是来自对自我价值否定，因此，调节老年人自卑情绪可以从重新定位自身价值入手。

（1）认识自我存在的价值：目前的很多老年人，在年轻的时候都是围着家庭和事业在转，家人的幸福就是他们的价值所在，事业的成功就是他们的自我存在价值所在。进入老年期后，我们要帮助老年人重新认识自我存在的价值，要从单一的“家庭”或“事业”核心的生活中摆脱出来，去寻找自我存在的新的价值，为自己设定一段新生活的新目标和新梦想。

（2）对家人的价值：我们的老年人在年轻的时候，总是拼命地工作，一辈子都在想着能为子女，为伴侣，为父母做些什么，对家人的价值的理解在于“给予”。进入老年后，老年人应当从单一的“给予”转化为“接受”与“获得”，接受家人的爱，接受家人的帮助，接受家人的关怀，让家人实现价值，也是老年人自身价值实现的具体体现。

（3）对社会的价值：老年人丰富的人生阅历，本来对社会来讲就是一个丰富的宝库，老年人要善于运用这些来为他人、为社会作出积极的贡献与努力，要从细微处去发掘自己的价值，找到自己新的岗位。鼓励老年人参与社会活动，做力所能及的事情，挖掘潜能，得到一些自我实现，增加生活的价值感和自尊。

2. 良好的环境营造

（1）内部环境：内部环境主要指家庭环境，在家庭内部要营造“家有一老如有一宝”的氛围，关心老年人，尊重老年人。特别是对独居的老年人，家人应养成按时给老年人打电话，定期到家探望老年人的习惯，要有与老年人聊天的习惯，既了解老年人的生活状况，也要让老年人了解你的生活状况。尊重老年人的意见。

（2）外部环境：社会应为老年人创造良好、健康的社会心理环境，形成尊老敬老的良好风气，社区可以经常组织和开展适合老年人的活动，让老年人在活动中感受到愉悦。

3. 安全感的给予

（1）物质上的安全感：子女要履行对老人的赡养义务，尽量给予老年人一个稳定的生活空间，让老人的生活有所依靠。社会要不断地加强和完善养老体系，加快养老机构的建设，为老年人（特别是孤寡老人）创建一个安享晚年的场所。

（2）精神上的安全感：要让老年人感受到他，让老年人在精神上感到他是这个家庭不可缺的一部分，大家都很爱他，都很需要他，要让老年人摆脱“被遗忘”、“被抛弃”感。

4. 自信的提升　“今不如昔”是很多自卑老人共同的心理，要让老人快乐地度过晚年，就要让老人们摒弃这种心态重塑自信。有以下一些做法可以尝试：

（1）提提当年勇：英国一项研究显示，老年人发点“今不如昔”的感慨，数落数落当下年轻人的缺点，回顾一下自己当年的豪情壮志，有助于人们找到自信。对于老年人来说，这一方法尤为有效。我们发现老年人爱听年轻人的坏消息，因为可以借此给年轻人指点，帮助年轻人成长。而年轻人爱听老年人年轻时的成功经历，这样年轻人自己能从中获得成长的经验。与年轻人相比，老年人更在乎社会认同感，但生活在以年轻人为中心的当下，他们有时会觉得不够自信，而批评一下年轻人，回忆下自己当年的情形，能很好地提高他们的自信心，让他们感到心情舒畅。

（2）体育运动：在体育运动中，老年人追求积极向上的荣誉感和人们之间相互交往的亲切感。老年人可以在体育活动得到对集体、社团的信赖感、依托感；在家庭体育活动中，成员们可以在和睦、欢乐的气氛中，享受家庭的归属感和稳定感。因此，鼓励老年人参加体育锻炼，有助于恢复他们的自信心。

5. 尊重　人到老年，对生活的最大满足来源于尊重，特别是对生活完全不能自理或是患重病的老年人，更应注意保护他们的自尊心。对老年人进行日常的护理时，在不影响健康的前提下，尊重他们原来的生活习惯，使老年人尊重的需要得到满足。

任　务

一、真实案例及分析

> 自从养老院隔壁床来了老夏，老向就越来越不喜欢说话了，平时也不到户外活动，就连儿子打电话来聊天，也是无精打采，不愿意搭理。护士后来才知道，老夏来了后，经常跟老向聊起，他自已给儿子买了多大的房子，多大的车，三天两头就给老向炫耀，儿子给他买的新款手机，新款护腰带，新款补品……老向的儿子在外市工作，常年都回不了家，老向两次在家跌倒后，小向无奈才把爸爸送到了养老院来。

1. 症状概述　以上案例中老向的情况，在老年人，特别是独居老年人中经常出现。很多老年人因为子女常年不在家，或疏于对老年人的关注，而引发老年人的一种不良情绪，加之与身边的人比较，落差顿时加大，而导致老年人产生一种自卑心理。这样的老年人通常表现为情绪低落，不爱言笑，不愿意和他认为比自己优越的人待在一起，有时候会有烦躁，沉闷的现象。这样的老年人实际上更需要的是对自己子女的认同和对自己的认同，需要得到更多的关注和肯定。

2. 护理员应对心理　作为护理员，应站在老向的角度，从老年人的关注点出发去寻求解决问题的方法和途径。在这个过程中需要护士有细心、耐心、恒心，以宽容，接纳的态度对待老年人。护理员应该具备老年心理方面的专业知识，具备心理辅导的基本技术和老年护理员的职业操守。

3. 护理措施　根据老向的症状，护士决定采用认知疗法、补偿疗法和心理支持疗法对老向进行心理疏导。具体做法是：

（1）加强对老向的关注，主动与老向打招呼，寻找与老向共同的话题与老向聊天，如从老向最疼爱的孙子开始聊……

（2）寻找老向的优点进行赞扬，老向退休前是名教师，写得一手好字。护理员有意赞扬老向的书法，鼓励老向帮院里写标语，办宣传报……

（3）加强老向的心理支持，追根溯源，与老向的儿子取得联系，让老向的儿子定时给老向打电话，帮老向的儿子通过快递给老爸送礼物……

4. 观察与评估 通过护理员小张的努力，4周后，老向的书法渐渐得到了院内其他老人的认同，院里可以经常见到老向的作品。老向到户外活动的时间渐渐增多了，对老夏的态度也渐渐有了一定的好转。建议护理员下一阶段对前一阶段的措施加以巩固，后一阶段尽快帮助老向在院内交到朋友，扩大老向社交圈子，帮助老向，举办个人书法展，进一步发挥老向特长。

二、情景分析

请教师组织学生进行以下情景训练，指导学生填写文后表格，并对学生做出评价。

图3-4 自卑

孙大爷是个离休干部，儿子在国外工作定居，本来与老伴相依为命，结果半年前老伴不幸心肌梗死去世。孙大爷因伤心过度诱发脑卒中，导致偏身瘫痪，语言也出现了艰涩，生活自理非常困难。儿子不放心让父亲一个人在家里生活，不得已将父亲送进了市内最好的养老院。

孙大爷到养老院后（图3-4），情绪一直很低落，给他安排的几个护理人员都被他要求换掉了。在养老院里，由于孙大爷行动不方便，也不愿意到户外活动，偶尔到户外，看到其他老人在运动，更是低头不语。元旦节活动，请他去参加一个节目，他死活不愿意，称身体不舒服，在床上躺了一个星期。

老年人心理护理操作评价表

症状概述	1. 案例中的老年人属于什么症状	
	2. 这种症状的特点是什么	
	3. 老年人有什么需求	
护理员应对心理	1. 护理员应站的角度	
	2. 护理员应有的心态	
	3. 护理员应具备的心理方面的基础知识	
护理措施		
评价	教师签名：	

课题五 多 疑

课前链接

“我活不了多久了，你们骗我也没有用……”

最近老罗经常对家人说这样的话，不管家人怎么解释，他都不相信。

老罗退休前是搞体育的，身体一直都很好，腿脚也很利索。最近两年老罗总觉得腰腿部位不对劲。前段时间与他要好的朋友老秦，因骨癌去世了，去世之前老罗去看他，老秦告诉老罗，他之前就是腰疼，开始没有引起重视，结果查出来就晚了。回家后，老罗就一直怀疑自己也患了这样的毛病，到医院检查排除了骨癌，他还是不放心，老是闷闷不乐。

多疑是指神经过敏、疑神疑鬼的消极心态。具有多疑心态的人往往带着固有的成见，通过“想象”把生活中发生的无关事件凑在一起，或者无中生有地制造出某些事件来证实自己的成见，于是就把别人无意的行为表现，误解为对自己怀有敌意。怀疑别人对自己的真诚，认为这些都是虚假的，整个世界都是罪恶的，自己没有一个可以与之谈心的朋友；经常地感到孤独、寂寞、心慌、焦虑。老年人的“多疑”还体现在对自己的身体健康的怀疑，对往事的错误记忆等。多疑也是阿尔茨海默病前期的症状之一，需护理员加以注意、疏导和治疗。

一、老年人多疑的主要表现

1. 藏东西 有些老人，喜欢把自己认为贵重的东西藏起来，以免遗失，这是一种正常的心态。但是有些老人，经常更换藏东西的地方，一会儿藏柜子，一会儿藏床底，藏到哪里都觉得不放心，总觉得会丢失。

2. 自我怀疑 老年人的自我怀疑主要体现在怀疑自己的身体出了问题，将身体某个部位的不适扩大化，常将普通疾病疑为重症，无端怀疑所患疾病病情恶化。这类老年人中，一部分到医院检查后确认无重大疾病后，过段时间就自行痊愈了。有些老年人必须找一个他自己认为信任的医生看过之后才能安心。

3. 对号入座 有的老年人，怀疑自己的能力下降，觉得别人看不起自己；似乎感到自己一定是别人注意的中心人物，相信别人总在议论自己；怀疑别人在算计自己，对别人的关怀和帮助常常会怀疑其是对自己不怀好意；感觉别人好像在做不利于自己的事，做有损自己名誉的事；怀疑子女贪财欺老甚至用心不良等。

4. 喜欢独处 因为不相信别人，多疑的老年人喜欢独处，经常独自或单独行动。这样的老年人一般不愿意参加聚会，不愿意到人多的地方去，很少到户外活动，不喜欢和人交流，包括跟自己的亲人和子女的交流也很少。

5. 固执己见　老年人不管自己是否是对的，都喜欢坚持自己的意见，认为别人的意见都是错的。有些老人还认为，别人是故意和自己作对，另有什么企图。如：吃饭的时候，晚辈提醒老人要少吃脂肪和胆固醇高的东西，有些老人就会怀疑是不是晚辈嫌弃他。

二、老年人产生多疑的主要原因

1. 生理老化　老年人因为年龄大了，随着视力和听力渐渐下降，老年人和看见的事物慢慢地变得模糊，不再清晰而准确。这种变化，让老年人从心理上产生疑惑感，没那么准确，因此容易多疑。特别是因这些原因发生过一些意外的老年人，产生多疑的概率更大。

2. 人际交往减少　退休之后，在社会中和家庭中的角色会发生很多变化。从前工作中会接触很多人，退休后，接触的人会越来越少，因为各种原因，以前的同事和工作上的伙伴来往也越来越少，这个时候如果不调整好心态，就容易觉得自己“没用了”，慢慢开始多疑。

3. 记忆力下降　进入老年后，老年人记忆力明显不如以前，经常会遗忘和记错事情，但是有些老年人自己并没有发觉，觉得肯定是别人记错了，进而发展为别人故意和自己作对的想法。

4. 躯体老化　以前很少生病，而进入老年后，病痛逐渐出现，并越来越频繁，有些老年人不能正确地对待躯体老化的现实，对自己的身体产生怀疑。

5. 性格的原因　随着年龄的增长，老年人性格方面的一些特点会变得明显。年轻时性格比较内向，爱好比较单一，交际圈比较窄，固执的人进入老年后容易变得多疑。

三、老年人多疑心理护理的主要措施

1. 多关注　老年人产生多疑的原因有很多，有一个原因是来自周围人对老人的忽略。多给予老年人关注，让老人感受到来自家人的温暖，朋友的温暖，社会的温暖是防止多疑的良方。

（1）关注老人的身体健康：子女对老人的身体，要主动关心，注意观察老人的身体健康状况，及时发现老人的身体疾病，及时就医，以免延误病情。家庭成员应该养成定期进行身体检查的习惯，对身体状况有全面的了解。

（2）关注老人的心理健康：要从关注老人的情绪开始。对老年人要关心，每天和老年人聊天，做个耐心的倾听者，观察老年人的情绪变化，对一些不良情绪要进行及时的疏导，使不良情绪得到排解。不要让不良情绪影响老年人的生活和健康。

2. 转移注意力 很多老年人的多疑总是纠结于一件事情上，帮助老年人转移注意力，让他暂时忘记难以释怀的人或事，也不失为治疗的一种方法。

（1）培养兴趣：与其让老年人把精力用于纠结在一件事上，不如让他把精力放在更有利于他身心健康的地方。培养一些有益身心的兴趣爱好，让他把时间和精力都花到爱好上，在兴趣爱好中寻找快乐，保持愉快心情，从而摆脱一些不能释怀的小事。

（2）参加活动：鼓励老年人退休后参加力所能及的工作或社会活动，丰富老年人的精神生活，让老年人的生活方式更健康。这样能让多疑的老年人走出个人的狭隘心理天地，使精神生活更充实，心胸更宽广，从而少生一些无谓的闲愁、无聊的疑虑。人越是清闲无聊，越容易生心病。

3. 宽容

（1）理解：对于老人的一些行为和习惯我们要给予尊重，对老人出的一些差错，我们要给予理解。如老人忘记关电灯，丢失东西，摔坏东西……，切忌给予责备，哪怕只是一句“怎么又忘了”这样轻描淡写的话也尽量要少说，所谓“说者无心，听者有意”，一句看似无意的话很可能就会给老年人带来困扰。当发生这样的事情时，我们要给予理解，以类似“没关系，大家都有忘了的时候”这样的语言来安慰老年人。

（2）包容：对老年人包容，是要让我们全部的接纳老年人，我们在与老年人的交往中经常会发现老年人的很多观念已经落后了，数据已经记错了，方法也不对了，每当这个时候，我们没有必要非得与他争论，让他下不了台。甚至是有时候在对待他们的误解上，也没有必要把是非黑白分得清清楚楚，明明白白，只要老年人心情愉悦，我们吃点小亏，受点小委屈也是值得的。

4. 增进信任

（1）人际关系：多疑的老年人总是喜欢独处，人际交往有一定的困难，他们老是待在家里，在很小的范围活动。针对这样的情况，我们要想办法为老年人创造进行人际交流的机会和环境，帮助老年人融入社会大家庭。鼓励老年人参加社区活动，参加老年人旅游团，与年龄相仿的人多交流是促进人际关系的一个重要方法。当老年人朋友多了，社交圈子大了，对人的友好感，亲切感就会油然而生。

（2）安全感：多疑的老年人，很大程度上是因为没有足够的安全感。因为觉得不安全，所以才会多疑，发生不安全感的原因有很多，如对自己的评价过低，觉得自己没有用了，大家都瞧不起自己了，自己的身体不好了，大家会在后面指指点点等。对于老年人的不安全感，我们要加强与老年人的沟通，让老年人能够深切地感受到身边的人对自身的信任和爱，这样才能消除他的不安全感，接纳自己和他人。

任　　务

一、真实案例及分析

这个冬天，小刘的父亲老刘咳嗽了很长一段时间都不见好，在小刘的劝说下，老刘同意随小刘到市内的一家医院看病，医生诊断是气管炎犯了，加上今年的空气质量不好，气候变化无常，开了些药让小刘监督老刘按时服用，并注意休息，尽量少外出……。从医院出来，小刘突然发现随身携带的一个包忘在医生那里了，立马返回医生办公室，取回。从医院回来后，老刘就一直闷闷不乐，老刘告诉邻居老杨，肯定自己患了绝症，儿子故意借取东西瞒着自己去跟医生问病情（图 3-5）。

图 3-5　多疑

1. 症状概述　以上案例中老刘的情况，在老人，特别是生病的老人中经常出现。很多老人因为身体状况不如前而焦虑，对进医院很多老人都有抵触情绪，认为进医院准没有好事，病很严重了才进医院。老刘在心理上有了这样的疑虑，加上儿子突然返回医生那里，主观上认为肯定是有不好的事情医生不愿意告诉自己，儿子的行为进一步增加了老人的猜疑。回家后，由于小刘的忽略，没有及时发现老人的情绪变化，没有进行及时的疏导，老人的疑虑会越来越重。

2. 应对心理　在面对这样的老人时，我们要有细心、耐心、恒心。我们要用细心地去发现老人情绪，有耐心去倾听，去疏导老人的不良情绪，去帮助老人解除焦虑，走出困境。对老人的情绪，我们应当表现为理解和共情。站在老向的角度，去理解老人对自己身体出了问题的焦急和疑虑。我们应帮助老人从不必要的猜疑和焦虑中解脱出来，这需要我们从平时做起，具备一定的心理学知识，进行一些心理疏导方面的技能训练，同时要始终保持平和的心态。

3. 护理措施　根据老刘的具体症状，可以采用认知疗法，行为主义消退法和转移法对老刘进行心理疏导，消除老人的疑虑。具体做法是：

（1）多关心老人，花时间与老人聊天，让老人对身体疾病和康复有更清楚的认识，让老人接受病情康复需要时间的事实。

（2）带老人到医院复查，当医生（最好和上次检查的医生不一样）的面询问病情，让医生将病情清楚的告知老人，排除上次就医时的猜疑。

（3）有意安排一些老人力所能及的“工作”和活动让老人参与，让老人在工作和活动中寻找到快乐，把注意力从疾病上转移开来。

4. 观察与评估 通过家人的努力，4 周后天气转暖，老刘的病情逐渐好转，小刘带老刘到医院做了一次全面的身体检查，检查的各项指标均良好。老刘参加的老人养生讲堂活动成了老刘茶余饭后的话题，他还经常给家人和邻居讲老年朋友的养生之道。老刘对自己的身体状况充满信心，并初步有了自己养生的方法。建议刘老的子女在今后的生活中多给予老人关注，对于老年人的不良情绪要及时发现和疏导。继续鼓励和支持老人参加有益身心的活动，加强体育锻炼，增强老人体质，多与朋友交往，让老人愉快的生活。

二、情景分析

请教师组织学生进行以下情景训练，指导学生填写文后表格，并对学生做出评价。

秦大妈最近神情很紧张，经常把房间的东西弄得到处都是，护士问她在干什么，她也不说，也不让护理人员帮助她收拾。

她打电话告诉女儿：“这里有贼，你送给我的戒指被人偷走了……”没过几天，她又打电话告诉女儿：“这里真的有贼，我的存折也不在了……”三番两次，女儿也弄糊涂了，亲自到养老院来帮她找，发现她说丢了的东西全都找出来了。

女儿了解情况后才知道，秦大妈天天在房间里面忙着藏东西和找东西。因为听说隔壁房间的陈大妈丢了现金，晚上偶尔又听到外面有脚步声（后来了解到是门口的门牌松了，被风吹起又落下敲得门在响），就怀疑有贼。怕自己的东西也丢了，就把自己认为贵重的东西在房间里藏来藏去，今天藏这里，明天藏哪里，藏的地方多了，连自己都记不得藏什么地方了。然后秦大妈就怀疑东西被人偷走了，久而久之，对谁都怀疑……

老年人心理护理操作评价表

<table>
<tr><td rowspan="3">症状概述</td><td>1. 案例中的老年人属于什么症状</td><td></td></tr>
<tr><td>2. 这种症状的特点是什么</td><td></td></tr>
<tr><td>3. 老年人有什么需求</td><td></td></tr>
<tr><td rowspan="3">护理员应对心理</td><td>1. 护理员应站的角度</td><td></td></tr>
<tr><td>2. 护理员应有的心态</td><td></td></tr>
<tr><td>3. 护理员应具备的心理方面的基础知识</td><td></td></tr>
<tr><td>护理措施</td><td colspan="2"></td></tr>
<tr><td>评价</td><td colspan="2">教师签名：</td></tr>
</table>

课题六 恐 惧

课前链接

朱婆婆今年69岁了，文盲，一直有高血压，还有颈动脉钙化等老年人常见的疾病。她的身体本来没什么大问题，坚持服药就可以了，可最近发生的两件事，让她以为自己的病情变得严重了，已经无法治愈，自己快要死了。一件事是和老伴为了陈年往事吵得特别凶，她说自己彻底伤了心；另一件事是，自己骑电动三轮车，不小心撞上了一处深坑旁边的沙堆上，差一点摔到坑里，为此，她天天生活在恐惧和焦虑当中，天天唠叨"我的病还可以治好吗？这次看来老天爷是要来收我的"之类的话语。

部分性格内向的人，到了老年，会产生一种莫名其妙的恐惧心理。他们处处胆小拘谨，总感到忐忑不安。这种现象发展到严重时，当事者会自感心神不定，坐立不安，焦躁烦闷，甚至陷入不能自拔的痛苦境地，也会由此而引起血压升高，心跳加快，食欲减退和头痛失眠。恐惧症是神经官能症一类的症状，它是一种较轻的心理或精神障碍，老年恐惧可以表现在日常生活的各个方面，常见的如：对鬼怪的恐惧，对疾病的恐惧，或对食物的恐惧等。若我们不注意老年人这方面心理卫生，没有及时调适，很容易诱发疾病，危害身体健康。

一、老年人恐惧的主要表现

1. 严重失眠 由于生理的原因，老人的睡眠的时间和质量都不如年轻人。有恐惧症的老人，一到晚上，就会从心底升起莫名其妙的恐惧感，胡思乱想，怎么都睡不好。有些老人常年都是这样的状况，要靠药物才能入睡。

2. 不愿独处 有恐惧感的老人，最害怕的事情就是独处。哪怕是在最寒冷的冬季，老人也不愿意在家里待着，宁愿跑到外面人多的地方去转悠。这部分老年人特别害怕孤独，一个人的时候就会觉得冷清、恐惧、悲伤。

3. 出现幻觉 有些老年人，一天总是疑神疑鬼，出现幻觉。告诉周围的人他看到了神、怪之类的东西。不管别人怎么安慰他，他都觉得是真的看见了，而且还描写得惟妙惟肖的。明明这些老年人身体没有问题，但是总觉得自己的某个部位就是出了问题，如肚子里有个东西，骨头里面有小虫子在咬……

4. 食欲下降 老年人由于患了某种疾病患了恐惧症后，经常还变现为食欲下降，觉得自己没有胃口，吃什么都不好吃。有些老年人因为对食物存在恐惧而食欲下降，有的老年人不敢喝牛奶，因为怕上火；有的不敢吃炖肉，因为怕得脂肪肝；有的不敢吃鸡蛋，怕胆固醇增高使血管硬化；有的不敢吃花生，因为怕吃到变质的花生也会诱发癌症。

5. 精神不振 恐惧的老年人，经常都是神情慌张，精神不振。这样的老年人看上去，眼神涣散，脸色苍白，说话也有气无力。严重的老年人，还喜欢絮絮叨叨，自言自语。

二、老年人产生恐惧的主要原因

（一）生理的原因

随着年龄的逐渐增长，老年人身体的各项功能已经趋于老化，导致老年人的判断力、身体协调能力，健康状况都大不如前。

（1）老年人因为听力、视力下降，对事物的判断能力明显下降，如天黑后，因为看不清楚、听不清楚产生幻觉而感觉到害怕。

（2）由于老年人身体协调能力下降，动作逐渐变得迟缓，对一些应急情况的处理也变得越来越困难，如单独出行，让有些老年人觉得越来越困难，从而对接触和新事物变得越来越恐惧。

（3）有些老年人常年生病，病痛让老年人一天到晚饱受折磨。

（二）死亡的临近

对很多老年人来说，“死”或与“死”相关的各种字眼，似乎成了他们的禁忌，而且，随着时间的推移，年龄越大的老年人会越害怕死亡。

1. 未知的恐惧 从人类的进化来说，对于未知的事物保持恐惧，是人类自我保护的本能反应。老人对死亡的恐惧，主要是来自于对未知世界的恐惧。人死了，感知觉活动自然也就停止了，因此没有人知道死亡以后是怎么样的。对死亡的未知，是人们对死亡产生恐惧的原因之一。对老年人来说，死亡比年轻人要近的多，因此对于一无所知的“另一个世界”的恐惧，自然也比年轻人要多一些。

2. 对鬼怪的恐惧 在中国的民间有很多关于鬼怪的传说，例如，人死后是要去阴间的，而阴间到处都是青面獠牙、龇牙咧嘴的鬼怪，这些鬼怪就是害人的，来阳间索人性命，到了阴间后又有很多令人毛骨悚然的刑罚。有部分老年人因为时代的原因，对科学的知识掌握较少，对鬼怪的东西反而知晓得很多。对鬼怪的恐惧，成了对死亡恐惧的直接原因。

3. 对生命的眷恋 “活一天，少一天”这是有恐惧心理老年人的想法，因为年龄的原因，觉得自己的生命已经到了尽头。年龄越大，就越感到自己与死亡越来越近，死亡意味着与伴侣、子女的诀别，如果家庭关系和睦，对彼此都念念不舍的，自然也会害怕死亡将他们分隔。老年人对生命的留念，不愿意失去，而死亡又不可避免所以更加的恐惧死亡的来临。

（三）孤独

从社会心理学的角度来说，人到老年，死亡的概率开始上升。也许自己还算健康，但当每次同学聚会，去公司参加庆典，与周围同伴聊天时，发现自己当年的同学、同事、老伙伴相继过世，难免不胜唏嘘。人也许可以不怕死，但是对于孤单和寂寞，没有人会喜欢。对于老年人来说，死亡带来的孤寂感，也是让他们害怕死亡的原因。

（四）偏激

有的恐惧症患者对别人（特别是亲近的人）要求过高，希望得到他人的敬重、关心、照顾，却忽视他人及社会的实际条件、能力和可能性。有些看似平常的事情，却让他们难以忍受，偏激将影响他们的人际关系和社会功能。对社会环境的适应不良，让他们深感痛苦，成为被抛弃恐惧的主要原因。

三、老年恐惧心理护理的主要措施

（一）认知行为疗法

认知行为疗法是治疗恐惧症的首选方法。认知行为治疗是在调整患者行为的同时，强调对患者不合理认知的调整。在对老年恐惧中，引起恐惧的原因中就有，其歪曲的信念和信息处理过程使得症状持续存在，纠正这些歪曲的认知模式是治疗中非常关键的内容。

1. 对死亡的认知　对死亡的恐惧在老年恐惧中占了很大的比例。对死亡的恐惧的根源是对死亡的未知和错误认识。要让老人摆脱死亡的恐惧，就要让老年人改善对死亡的认知。让老年人明白“生、老、病、死”的自然规律，死亡并不是到另外的世界去受苦受难，让老年人坦然接受年老的事实。

2. 对鬼怪的认知　对鬼怪的恐惧，就是因为缺乏科学知识，胡思乱想而造成的。愚昧是产生恐惧的直接原因之一。我们要为老年人灌输更多科学的知识，让老年人消除或减弱对鬼怪的恐惧。世界上并没有鬼怪，也没有所谓的阴间。

3. 对生命的认知　人到老年后，总觉得生命已慢慢流逝，生命已经走到尽头是很多老人的想法，很多老人甚至产生了“等死”的念头。老人们在“等死”的恐惧中，度日如年。让老人摆脱恐惧，就要让老人重拾生命的意义。老人对生命的理解和认识应比年轻人更加的深刻，同时老年人应理解进入年老后，生命更加的珍贵，生命同样应该充满阳光，同样能够十分精彩，进入老年不是生命的尽头，而是另一段生命旅程的开始。

（二）陪伴

多数老年人都不喜欢独处，独处让老人容易产生被遗弃、被抛弃的感觉，久而久之就发展成为心理上的恐惧。现代社会的快节奏，让我们很多时候都忽略了对老年人的陪伴，这恰恰成为了老年人恐惧的隐患。

（1）越是年龄大的老年人，就越需要陪伴，我们不能让年龄大的老人长时间的独处，这样会造成老年人心理上缺失。如果子女实在没有时间和精力去时时陪伴老年人，也应该采用其他的方式来进行弥补，如送老年人到老年活动中心，请陪伴专员到家陪伴老年人等。

（2）给予老年人更多的陪伴心灵陪伴，一件小小的礼物，一句短短的问候都是心灵陪伴的良方。我们要让老年人能够感受到我们对他们的爱，我们对他们的关心，他们是我们生活中不可缺少的部分。这样老年人就不会出现被抛弃的恐惧。

（三）行为消退法

1. 降低要求　老年人对自己的要求不要太高，若是过高地要求自己或者儿女，就很容易患得患失，太在意别人对自己的看法，一心想要得到别人的承认，从而迷失自己。老年人应接受自己的现况，不要去管别人怎么看，越害怕出错，就越会感到手足无措。

2. 树立自信　对于老年人来说，很多人对自己没有信心，做什么时候都不认可自己，感觉自己都是错的，这样不自信很容易造成恐惧症。所以，要改变首先就得在心里接受和取悦自己，树立起对自我的信心。

3. 别太在意身体反应　老年人紧张时若是太在意自己的身体某些部位的紧张反应，就相当于在强化自己的紧张行为，这样就很容易出现恐惧症。而当老年人不去管自己的紧张反应后，让紧张得不到注意和强化，紧张反应反而随着时间的推移而逐渐消退。

4. 自我调节情绪　在现实生活中我们看到，长寿的老年人都是心情愉快，想得开，放得下，胸襟博大，乐观开朗，无忧虑，无怨气，善于调节情绪，以顽强的毅力乐观的精神闯过每一个难关，知足、满足、愉快地度过晚年。

任　务

一、真实案例及分析

2年前，姜大妈查出患了乙型肝炎，患病后到处求医，市内的各大医院都看过，吃过各种中西药，但病情始终未见明显好转。姜大妈开始怀疑自己已经转为肝癌，求医不成，就转而去求菩萨，请菩萨保佑病情能尽快好转，还是无济于事。姜大妈，觉得是自己好不了，就快死了，茶不思、饭不想，给在外地工作的儿子打电话，说自己“快死了”，要儿子赶快回来，怕见不了最后一面……

1. 症状概述　姜大妈患上了典型的死亡恐惧症，是一种常见的老年人心理障碍，人近黄昏容易想到死，特别是身患疾病的老人。姜大妈恐惧的根本原因是因为久病不愈，所以一蹶不振。老年人对待死亡有不同的态度。有些老年人清楚地意识到死亡迫近，能够从容不迫地面对死亡，有些老年人害怕死后到一个未知的世界，死亡是痛苦的，是对老年人本身的威胁，因此充满了对死亡的恐惧。

2. 应对心理 在面对这样的老年人时，我们应对要有细心、耐心和恒心。我们要细心地去发现老年人恐惧的原因，找到病因后，对症下药，为老年人排解恐惧。护理恐惧症的老年人，我们要有长期作战的心理准备，并且要做好随时应对一些异常情绪和行为的准备。我们自身要有健康的身体和心理，保持良好、积极、乐观的心态，并将这种乐观、积极、向上的心态通过自己的言行传递给老年人。

3. 护理措施 根据姜大妈的具体症状，可以通过心理治疗对姜大妈的恐惧进行疏导，消退姜大妈的恐惧心理，帮助姜大妈重新认识疾病，重拾人生的快乐。具体做法是：

（1）多关心老年人，花时间与老人聊天，让老年人对身体疾病和康复有更清楚的认识，让老年人接受病情缓解需要时间的事实。

（2）向姜大妈普及乙肝和肝癌的知识，让她对自己的疾病有更加深入地了解，消除对癌症的疑虑。

（3）联系姜大妈的儿子，建议他多给予老人陪伴，特别是心灵的陪伴，让老人在心灵上感受到温暖，在心灵上给予姜大妈支持，用亲情转移姜大妈的注意力。

4. 观察与评估 姜大妈的儿子得知情况后，立即请了年假回到家里，配合心理辅导人员对老人进行治疗。带老人到医院进行复查，并详细询问了病情，治疗的方法和康复的办法。在医生、家人的努力下，姜大妈注意力逐渐转移。对自己的病情也渐渐有了正确的认识，3 周后，她的儿子回到单位工作，但是临走前答应姜大妈，每天都打电话回来，每个月都安排时间回来看望她，陪她到医院进行复查，还答应她稍微好转后，带她和孙子一起去旅行。姜大妈心里有了落靠，病情有了逐渐的好转。心理辅导员建议后期为老人安排一些力所能及的活动，培养老人的兴趣，让老人重拾生活的乐趣。

二、情景分析

请教师组织学生进行以下情景训练，指导学生填写文后表格，并对学生做出评价。

图 3-6 恐惧

卢阿姨，最近经常莫名其妙的发火，还一个人躲着悄悄地哭泣。

她最近觉得自己的老伴和女儿行径十分可疑，她觉得他们已经不再需要她，老伴要跟自己离婚，女儿也要离开自己了……

最近一段时间，老伴总是以各种理由到外面去活动和应酬，一向乖巧的女儿也老是说工作很忙，不回家吃饭。

所以她觉得很不安（图 3-6）。

老年人心理护理操作评价表

症状概述	1. 案例中的老年人属于什么症状	
	2. 这种症状的特点是什么	
	3. 老年人有什么需求	
护理员应对心理	1. 护理员应站的角度	
	2. 护理员应有的心态	
	3. 护理员应具备的心理方面的基础知识	
护理措施		
评价	教师签名：	

模块四 临终关怀

学习目标

1. 了解临终关怀的意义

2. 了解老人濒死期的身心变化

3. 掌握安抚老人及其亲属的基本技巧

临终关怀是近代医学领域中新兴的一门边缘性交叉学科，是社会的需求和人类文明发展的标志。就世界范围而言，它的出现只有二三十年的时间。

临终关怀（hospice）运动始于英国的圣克里斯多费医院。20 世纪 50 年代，英国护士桑德斯（Cicell Saunders）在她长期从事的晚期肿瘤医院中，目睹垂危患者的痛苦，决心改变这一状况。1976 年，她创办了世界著名的临终关怀机构（ST. christophers hospice），使垂危患者在人生旅途的最后一段过程得到需要的满足和舒适的照顾，“点燃了临终关怀运动的灯塔”。后来，世界上许多国家和地区开展了临终关怀服务实践和理论研究，20 世纪 70 年代后期，临终关怀传入美国，80 年代后期被引入中国。

“临终关怀”一词的正式应用，始于 1988 年天津医学院临终关怀研究中心的建立。此前，许多学者对 Hospice 和 Hospice Care 的翻译往往不能很好地表达其内涵和外延。Hospice 曾被译为“济病院”或“死亡医院”。Hospice Care 则被译为“安息护理”或“终末护理”等。香港的学者称之为“善终服务”，在台湾被称为“安宁照顾”。

课题一 人生最后一站的安慰

课前链接

96岁高龄的张婆婆伸到空中的手像寒风中的枯枝，颤抖着。她终于触到护士小曹的手，长长地呼出一口气，脸上露出一丝微笑，然后安详地走了。临终关怀科的护士小曹哭了。一个多月来，她照顾张婆婆服药打针、翻身擦洗、端屎倒尿，唱婆婆喜欢听的歌。婆婆将一切都托付给她，她怎么能舍得婆婆离去呢？但她又必须收起悲痛的心情，因为下一个患者还在等着她，她不能带着悲哀去安慰、体贴那些即将辞世的患者。这种复杂的感情，广州友好医院老年关怀科的医护人员常常能体会到。24岁的小曹虽是那么年轻，但她对生命有着自己独到的见解。小曹认为，作为从事临终关怀的医护人员，“将临终病人当成亲人”，爱心是第一位的，其次是掌握各种专业知识和技巧。

“人生最后一站，谁会陪我们走完”？在衰老和死亡面前，任何一个人都没有豁免权。看着那些垂垂老矣的身影，让人很自然地想到自己：当我们告别人世的时候，将是怎样的情景？会痛苦吗？会害怕吗？谁能给我们最后的安慰？

1. 临终关怀 去者善终，留者善留。如果要对临终关怀下一个定义，似乎可以这样来说：临终关怀是对临终患者和其家属进行的护理程式，它涵盖了所有的生理、心理、社会、精神方面的需要。临终关怀观念主要是尊重生命，注重生命质量，以护理为主，协助患者安静地、有尊严地死去，不仅使逝者能善终，而且使留者能善留，让生者尽快摆脱丧失亲人的痛苦。

临终关怀医院在发达国家已经相当普及，但专门的临终关怀医院在我国还寥寥无几。

90岁高龄的迟老先生紧紧攥着护士的手，长长吐出了最后一口气，平静地走了。迟老先生患肝癌，已是晚期。临终前，他陷入了轻度昏迷，不认识家人，但当护士轻声呼唤“迟爷爷”时，他却稍稍有反应。“人到濒死时，很少有意识清醒的。在意识逐渐丧失的过程中，很多人都试图抓住点什么。”烟台某医院呼吸内科的陈护士长说，患者大都会紧紧攥住家人或护士的手，久久不愿松开。这最后的一握能给患者极大的安慰。此时，护士还会不时在患者耳边说：“不要怕！你的家人都在这儿，还有医生和护士，我们都在。不要怕！”

陈护士长回忆起几年前，一个肝癌晚期患者临终前的情景。那个患者生前是个船员，去世时只有50多岁。由于病情突然恶化，患者肝脏破裂，引起大出血，呕吐出大量鲜血。抢救间隙，患者数次从昏迷中醒来，眼睛直直地盯着医生和护士，只有一句话：“救救我！”患者强烈的求生欲望令在场的医护人员深受震撼，很多人悄悄背过脸去擦眼泪。陈护士长感慨道，当医院的救治手段已经回天无力时，我们真的感到很悲哀。护士们能做的，只有一遍一遍地把患者呕出的血迹和秽物擦干，尽量让他看上去整洁一些。同时，我们不停地安慰他：医院最好的大夫全都在这儿了，一定会尽全力抢救——这些话能让他的情绪平静下来。患者的爱人经受不住这样的刺激，号啕大哭，精神几近崩溃。护士把她搀出房间，一直守在身边劝慰。

这一幕，每年不知要在医院重现多少回。见惯了生离死别的医生和护士，并没有因为职业而变得麻木冷血，他们还是常常会被患者临终时所表现出的种种情状所打动，为生命的脆弱掉泪。

2. 临终关怀前景展望 人们对临终关怀的认知程度还比较低，特别是一些老年人的生死心理教育年人的子女，忽视老人的心理和精神需要。老人临终时，特别渴望亲情，渴望身体抚摸，拥抱、握握手、贴贴脸颊，都能给老人莫大的安慰。可是很多家属忽视了这一点。其次是缺少专业的护理员。临终关怀的护理重点，不再是生理上的，而是转移到心理、社会、精神等方面。这就需要护理人员学习和掌握社会学、心理学等方面的知识，并运用于临终患者的全身心护理上。同时，当护士面对悲痛欲绝的家属时，仅仅有同情心是不够的，丧亲抚慰同样需要专业技巧。此外，收费偏低、无利可图也影响了医院开展临终关怀服务的积极性。 临终关怀在国外已经相当普及，有专门的机构和人员在从事这项事业。中国已经进入老龄化社会，随着社会文明程度的提高，人们迟早也会有这方面的需求。临终关怀事业在中国肯定有广阔的发展前景。开展临终关怀服务，不是哪家医院能独自承担的事情，必须引起全社会的重视。

任　务

请同学们通过在线搜索，查阅书籍等方式，搜集关于临终关怀事业的相关信息，进行组内交流。

课题二　老年临终者的基本需求

课前链接

王大爷是个肺癌晚期患者，也是个佛教徒，弥留前王大爷早多次叮嘱儿孙要按佛教徒的仪式为他送行，去世后2小时内不能搬动遗体，在遗体旁由亲人诵经。王大爷的儿子担心院方不同意，毕竟病房里不止一个住院患者。和院方协商后，在有多余床位的情况下，院方答应配合他说服其他患者转到另外房间，将王大爷的病房留置出来，以便亲属做送别仪式。

一、老年临终者的基本需求

尽管我们无法猜测许多年后老年临终者将会有怎样一些新的需求内容，但还是可以参照当前时代条件和正常成人的日常需求状况，来理解现阶段老年临终者的基本需求结构。

（一）个人的肉体生存

1. 衣　一般来说，临终者只求衣着裁剪合身、挡风避寒且透气舒适；有关服装的其他功能，在大多数临终者脑子里则已淡化了。至于身后着装，我国旧有制作“寿衣”的习俗，裁剪方法和布料要求均不超过生前享受水平；近几十年屡见以毛料、丝绸等质料的各式新款服饰做死者装殓的情况，少数属死者本人生前要求，多数属后人“孝敬”。即便临终者有此类要求，其实际“享受”期也是在临终期结束以后，故能否得到满足就是超出生存活动需求的话题了。

2. 食　老年临终者消化吸收能力大多显减，纳食既量少又稀薄，不少人还有赖于鼻饲或静脉补液。营养医学证明他们每日所需补充热卡最多及正常青壮年的三分之一，总的花费算来也是很少的（图4-1）。

图4-1　老年临终者食的需求

3. 住　我国目前绝大多数居住在城镇的临终者随遇而安，均无绝对的住家、住院或住旅馆等选择，凡有一块避风挡雨之处即可；但相当一部分居住在农村的老年人持有“居家而终”的传统思想，再加上住院给老年人及其家人带来的不方便，且费用负担过重，故老年人大多选择了在家里度过临终期。通观城市农村，罕见有专为老年临终者耗资另辟住所者。

4. 行 老年临终者少有行动自如者，绝大多数处于卧床状态，其躯体移动完全依赖他人及助步工具。譬如穿衣进食、翻身解手、就诊求医等，无不仰赖家人或外人的帮助。但他们的居住处所一旦确定，行动上所需帮助往往长期地相对限定于一个房间或一个院子之中。

（二）个人的神经心理活动

老年人的临终期最短的仅数分钟，如严重突发性心脑卒中所致猝死病例；长的则可达数月甚至年余，如现代医学条件下的慢性器官功能衰竭者。而无论是自然死或是因病死，绝大多数临终期老年人并非始终陷于昏迷状态；在意识清醒的时候，他们就有自己的精神活动。

1. 感知觉 现代神经心理学证明，不同年龄段的人们虽然感知觉阈值不同，但老年临终者在清醒时对超阈值刺激的感知觉能力总还是存在的，且这种能力主要受丘脑调节，因而可以维持到意识模糊阶段。因此，虽然老年人的感知觉越来越迟钝，但直到昏迷前期还是有感知觉的，此时他们完全可以较确切地感知到身体因受异常刺激所产生的不适和痛苦（神经系统疾病患者除外）。

2. 情感 临终期意识弥留之际的老人仍然有一定的情感活动能力，这种活动能力及其心理效果往往带有强烈的亲情色彩。神经生理学研究揭示，人类的情感活动调控中枢处于边缘区，这就可解释老年临终者在意识由清醒转模糊时，往往会有一至数次波动较大的发作性。

（三）个人的社会活动

老年人作为社会一份子，参与社会实践既是他们体现自己的存在价值并获取生存物质资料的根本方式，也是他们精神生活中各种外界信息内容的根本来源，还是他们形成各自不同的自信、自尊心理定势的唯一依据。因此，只要尚未进入昏迷，且不管其社会活动能力保留状态怎样，临终期老年人都将继续保持一定的沟通社会的内在需求惯性。

临终期老年人与社会之间的物质—信息双重交流有直接和间接两种形式，直接形式是通过社会团体、传媒机构等途径来完成的；间接形式则是通过家人、监护人或者是亲戚、医护人员等一些特殊的“个人”来完成的。一般趋势是，临终期老年人愈是趋近死亡终点，其社会活动能力愈弱，他们同社会之间的物质—信息双重交流更多地体现为间接形式，结果是更容易陷入个人禁闭状态，因而是具有比过去强烈得多的同外界沟通信息的需求，表现为尽量实现各种类型交往的社会活动需求。相应的，社会团体、传媒机构等社会性组织的关怀、造访或慰问，对于临终期老年人具有十分重要的意义。

在上述认识基础上，关于老年临终者基本需求的结构，我们还应进一步考察临终期老年人所普遍遭遇的其他年龄段健康人极少经历的特殊情况，那就是“临终期痛苦”。这种痛苦产生之后往往随临终者逝去，无法被感受主体复述，故长期被人忽视。

老年人的临终期痛苦可相对分为肉体源性和心理源性在精神活动方面需要比过去更加两种。细究引起老年人肉体源性临终期痛苦的原因，可分作毁损性疾病与老年性器官衰竭两大类。毁损性疾病系由病原微生物侵袭、超敏反应、机体细胞恶性生长、血管梗阻或栓塞所引起，特点是可致组织损伤甚或器官毁损，常伴有显著的肉体痛苦，例如，炎症肿痛和癌痛等；老年性器官衰竭系由机体组织器官的老化（主要是变性萎缩）所引起，特点是可致机体发生进行性的器官功能衰竭，病程多半较长，譬如罹患老年性痴呆、老年性肺气肿、慢性肾衰竭的老年患者。在良好的医疗条件下，病程可达10年、20年以上，且常伴有并发症。譬如脑血管意外患者多伴有意识障碍和肢体瘫痪，因卧床时间过久时常发生肺部感染、便秘、压疮等并发症。该类疾病所致肉体痛苦的程度是年轻人难以想象的。既往人们较多地仅限于从毁损性疾病方面去理解老年人的临终期肉体痛苦，实为观念上的错误。因为对某一人种或是某一社区的老年人来说，尽管某些毁损性疾病的发病率较高于其他年龄段人群，但绝非所有临终期老年人全部罹患毁损性疾病，随着人类科学技术水平的不断提高，毁损性疾病的罹患者获得及时治愈的概率将越来越大，但遭遇老年性器官衰竭对每一位老年人来说都在所难免，对此我们应当高度重视。

引起老年人心理源性临终期痛苦的原因多种多样，大体上可被我们概括为连同前述基本需求结构内容一起的各种正当需求得不到满足，以及无力避免遭受自然或人为侵害，且遭受侵害时得不到有效援助所致心理逆境两个方面。即老年人心理源性临终期痛苦不仅同物质生活条件改善与否密切相关，而且同他们的个体精神生活和社会生活需求能否得到较充分满足密相关。

二、临终老年人的心理变化原因

1. 生理因素 大多数临终老年人机体各系统功能减退，导致他们感知、运动功能减退，如视觉、听觉、知觉、嗅觉、味觉功能明显衰退，对触痛、温热及有害刺激反应迟钝，且行动迟缓、唠叨不休、固执、情绪不稳定、记忆力下降。

2. 心理因素 当老年人入住临终关怀病区时，他们意识到自己已向死亡迈进，在这里将度过生命的最后时光，从而引起忧伤、焦虑、恐惧、悲观，同病房其他临终患者也会引起老年人的惧怕和忧虑，从而加深临终老年人对死亡的恐惧。另外，医院的陌生感以及生活天地的狭小、单调，也易使临终老年人感到茫然、厌烦，产生度日如年、悲观厌世的消极情绪。

3. 社会家庭因素 老年临终患者深受病痛折磨，自理能力丧失，导致事事依赖别人，认为自己是社会、家庭的包袱，产生一种无用的失落感，同时又渴求关怀。如果医护人员及亲属厌烦、冷漠地对待他们，则更会加重他们的心理压力，使其情绪更为低落，甚至悲观厌世，拒绝治疗。而且老年人入住医院易受传统偏见影响，产生了遭受子女遗弃的感觉，从而既悲观失望，又激动易怒。

任　务

请同学们通过网络，站在科学的立场上收集研究死亡的相关信息，探索在死亡过程中躯体的变化，及伴随的心理活动。

课题三　对老年临终者的护理

课前链接

张丽是一个23岁的年轻护士，1年前被分配到医院的安乐病房。这里住着的都是癌症晚期患者。张丽每天很忙碌，休息10分钟对她来说都是一种奢侈。她“人缘”很好，每天都要和患者们打招呼。一个阿婆很喜欢张丽，总是爱和她拉拉家常，说她很像自己的外孙女。张丽也总是笑哈哈的拉着阿婆的手，听她说话……

生老病死是人生的自然发展过程，死亡是人生旅程的最后一站，医务人员应随时了解临终老人的内心活动，充分运用心理治疗的特殊功效，使临终老年人得以平静地度过人生最后阶段，安详而幸福地离开人世。

一、老年患者临终前常见的症状和护理

老年患者临终的情况各不相同，有的是突然死亡，有的是逐渐衰竭以至死亡。后者可能有较长时间在生和死的边缘挣扎。但是患者并非同时出现所有的濒死症状，也不是所有的症状都会出现，护理员除了做好环境和各种基础护理之外，一旦出现以下症状，应及时给予处理，以使患者无痛苦地度过人生最后时刻。

1. 疼痛　疼痛是临终患者备受折磨的最严重的症状，尤其是晚期癌症患者。其他终末期患者发生严重疼痛情况较少。在生命的最后几天，超过一半的人会有新的疼痛产生。控制疼痛应及时、有效，正确使用“三阶梯法”止痛。止痛药应规律、足量应用，而不是必要时才用，等到疼痛发生时再控制比预防疼痛发生更困难。对无法口服止痛药造成的不安与痛苦，可使用如皮肤贴片、舌下含服、静脉或肌内注射等各种方式给予止痛药。除了药物止痛，还可采用其他方法缓解疼痛，如：松弛术、催眠术、针灸疗法、神经外科手术疗法等。此外，如果疼痛难以控制，患者没有食欲，不要勉强其进食，以免增加其的负担与痛苦。

2. 呼吸困难　痰液堵塞、呼吸困难是临终患者的常见症状。应及时吸出痰液和口腔分泌液。当呼吸表浅、急促、困难或有潮式呼吸时，立即给予吸氧，病情允许时可适当取半卧位或抬高头与肩。有的患者由于快速呼吸加上焦虑引起喘息，可根据医嘱应用抗焦虑剂，必要时使用吗啡降低呼吸速率；同时开窗或使用风扇通风。护士应保持平静的仪态，用手轻柔地抚摸患者加上和声细语，有利于帮助病人保持平静。此外，患者出现痰鸣音即所谓的“濒死喉声”，可使用湿冷的气雾进行雾化，促使分泌物变稀，易于咳出。床旁备好吸引器。对张口呼吸者，用湿巾或棉签湿润口腔，或用护唇膏湿润嘴唇，患者睡着时用湿纱布遮盖口部。

3. 谵妄 有的患者死前会出现谵妄等神志变化，需考虑癌症脑转移、代谢性脑病变、电解质不平衡、营养异常，或败血症等因素。症状在下午或晚上会更严重。患者的躁动不安需密切观察，找出可治疗原因，如：疼痛、脑缺氧、气喘、膀胱或直肠胀等，并给予对症处理。

4. 大出血 严重急性的呕血、便血、阴道出血等，一次出血量在800ml以上可出现休克现象，对临终患者来说这是造成死亡的直接原因，需要迅速予以控制。应准备好镇静剂、止血药及吗啡备用，以便随时遵医嘱给予患者镇静、止血及止痛；配合医生进行其他止血处理。消除患者精神紧张和情绪波动，陪伴患者并且握着他的手。胃肠道出血一般应禁食24～48小时，胃部冷敷。呕血患者采取易呕出的体位，防止误吸；使用深色的毛巾擦拭血迹；如便血频繁，可在患者肛周垫上纸垫，患者每次排便后应拭净，保持臀部清洁。

总之，护理员要密切观察病情变化，加强巡视，做好预后的估测及抢救的准备；同时让家属做好思想和物质准备，安排善后事宜。

二、老年临终患者的心理关怀

1. 关心和尊重老年患者 老年患者一般都希望他人重视自己的疾病，所以医护人员在工作中要耐心细致，视患者为亲人，说话时要态度和蔼，服务要热情周到。只有这样才能使其心情舒畅，建立起良好的护患关系，对以后的治疗产生积极效应。

护理员对老年患者的提问要耐心听取并解释，不要有不耐烦的情绪，以消除患者的不安情绪。

2. 主动帮助患者解决困难 老年患者中大多数由于患病时间长，生活自理能力差，孩子因工作不能常来陪伴，使这类患者在精神上感到孤独、寂寞。这就需要护理员通过良好的语言（图4-2），热情的态度及行为去影响他们，避免不良情绪对身体的影响。在生活上要关心体贴，帮助他们端水、端饭，协助他们大小便等，使患者感觉到温暖。

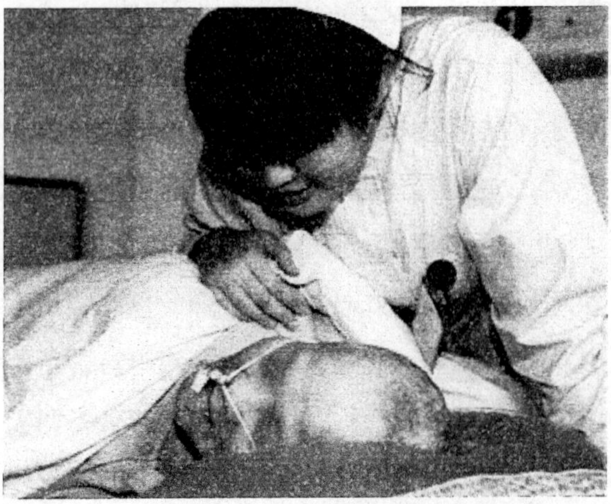

图4-2 主动帮助患者

3. 稳定老年患者的情绪 老年患者对所患疾病都有一定的精神负担和心理压力，忧虑自己的病能否治愈，怀疑对他隐瞒病情的严重程度，怕得不到满意的医疗护理，又怕因此失去家人的关心或对健康的恢复失去信心。这类心理一旦出现，往往不会逆转，所以要及时观察，给予体贴、关心和必要的教育，以改变其消极态度。工作中就更要耐心细致、态度和蔼、有问必答、不嫌烦、不嫌脏，并主动向他们介绍病情，治疗情况及治疗效果，提高患者对疾病的认识能力，稳定患者情绪，帮助患者建立不畏老、不怕病的健康自我意识。

三、反向临终关怀

人的心理现象是很神秘的，一个人在思考什么问题，别人不易察觉；而一个将要死去的人在想什么，则更是难以猜测。然而心理现象毕竟有一定的行为表现。临终者的心态往往会通过实际行动或患者的语言表现出来。根据人的阅历、职业、文化素质、年龄、性别、性格以及临终时处境的不同，临终心理千差万别，但能留给后人最为闪光的东西，那就是“反向临终关怀”了。

真实案例

一位美国大学教授就介绍了这样一个真实动人的故事。他朋友的母亲已高龄并有众多儿孙，当医生通知她的家人当晚老人将要病逝时，儿孙们都来到她的病室。这时已处于昏睡状态的老人慢慢地睁开眼睛说：“谢谢你们为我作的祈祷，现在我很想喝一杯威士忌。”于是儿孙赶忙给老人拿来一杯。但老人喝了一口之后却说：“酒不够凉，再加些冰块吧。”大家感到很惊讶，看着老人把加了冰块的酒一饮而尽。老人又说：“我很想再吸一支香烟。”大家更为之惊异。儿子说：“医生说不可以吸烟的。”而母亲却说：“要死去的不是医生而是我嘛，还是给我一支吧。”老人吸完这支香烟后，说声：“谢谢你们了，我们在天国里再相会吧，再见了”，就这样安详地离开了人世。这位可敬的老人竟把自己的死扮演成为令人破涕为笑的一幕喜剧。儿孙们看到老人在临终之际还能如此幽默、开朗与安详，都深深感到这是老人为减轻亲人们的悲伤而有意采取的方式，这是何等深厚的慈母之爱啊！

反向临终关怀留给后人的，并非一定是什么丰厚遗产或豪言壮语，有时一个幽默的微笑就足以使后人备受安慰，切实感到临终者的爱意。

反向临终关怀是难能可贵的。临终者生命器官极度衰弱，生命之火奄奄一息，试想此时他们的心理感受是怎样的呢？可能有人会说，平时小伤小病就很痛苦，人至濒死之时一定会痛苦万分，其实这是对临终感受的误解。重要生命脏器内的痛觉神经末梢分布密度比皮肤及四肢末端小得多，所以内脏即使有致命损害，其感觉并不如手指损伤那样疼痛。根据实际观察与调查表明，临终者的主要感受不是痛苦，而多数表现为安详、轻松，甚至有欣快缥缈之感，也有的幻觉自己沐浴在祥光之中，身体与宇宙融合在一起，达到一种崇高完美的境界。这些幻觉有人认为是大脑在临死时刻释放的一些致幻物质所致，此学说还正在研究中。总之，人到临终还关心他人之所以难办到，并不是由于临终有更多痛苦的干扰，而是因为神志、思维从逐渐难于自控到完全消失这一过程的不确定性。

四、死亡特征与临终关怀的目的

1. 死亡过程的延长 100年前人类死亡的主要疾病是急性热性病，如鼠疫、天花、结核、肺炎，很快就死去了，所以死亡过程很短。然而100年后的今天，疾病谱发生了明显的转变，死亡的主要是肿瘤、心脑血管疾病、肺炎等，这些都是慢性病，患者得病后的死亡过程延长了，其结果造成了社会上的濒死患者数量要比100年前多得多。患者的死亡过程减缓，故需要临终照顾的患者亦越来越多。

2. 死亡制度化 在100年前人们患了病很少住医院，而是住在家里，受到家属的照顾，患者的家属会尽最大努力给予照顾。现在不同了，很多患者是死在医院里，只有少数死在家里。他们在医院里得到的不是给予濒死者的照顾，而是接受检查、诊断、治疗，医护人员对临终患者很少给予照护，更不知道在什么情况下终止患者的生命，所以在延长生命方面，选择了很多人工的方法和手段，正是这些方法和手段给一些濒临死亡患者造成了很多不必要的痛苦。

3. 死亡世俗化 在几百年以前，很多人都有一些宗教信仰。在西方世界，很多人信仰基督教，按照他们的死亡观，他们相信人死后可以上天堂或下地狱。在中国古代，有很多人则相信死亡轮回学说。过去人们有各种各样的死亡观，但这些观念有一个共同的特征，就是认为人死后生命还继续存在，只有形式不同。现在很多人虽然不信仰宗教，但同时也缺乏正确的死亡观念，他们既不了解生命的意义，也不知道死亡的意义。在现代社会，死亡变得越来越困难。只有那些关心死亡、了解死亡的人，才能有计划地安排自己的生命，才能知道如何使患者及家庭得到好的照顾，令其有尊严地走完人生旅程。广大医护工作者开始考虑能否找到其他的方式为临终患者提供更好的服务，控制疼痛，使临终患者能更舒适一些，解除他们身体和精神上的痛苦。这样在医学领域里就出现与发展了临终关怀服务。其临终关怀的目的：①为临终病人提供选择死亡的地方，减少肉体的疼痛，给予最舒适的服务和照顾。②提供专门为姑息照顾而设计的结构，辅助末期患者和垂危病患接纳临终的事实，安详地走完人生最后一程。③提供一种神圣的模式，给予患者身、心、灵的关怀，包括身体方面：增进舒适，减轻痛苦；心理方面：协助病患与家属度过濒死的过程，接受疾病与死亡，家人互动关系，面对死亡恐惧事实，遗族辅导等；心灵方面：获得内心平安，灵魂的救赎等。

真实案例

有一位60岁的鼻咽癌男性患者，患病以来脾气很不好，经常向妻子发脾气，摔东西，有时还要打人，妻子稍离开一会就怀疑她约会去了。他的妻子很是委屈，向周围的人哭诉，认为对自己很不公平，自己没日没夜地伺候丈夫，得到的却是如此的回报。

患者临终能否达到最佳状态，家属的作用不可忽视。家属的言行直接影响患者身心，并且患者十分关心家属的利益。故一方面，我们要做好家属的宣传工作，讲解有关生命质量的知识，让他们支持患者平静、安宁地度过余生；另一方面，我们也要了解家属的悲痛心态，对家属予以同情理解，给予安慰，劝告家属应忍让，“他患病了，情绪是不稳定的，比较暴躁，你不能计较，不要用同样的坏情绪来对付患者，要让患者发泄，来维持他不平衡的心理，这样他会好受些。”经过护理员做工作之后，这位妻子非常理解、同情丈夫，双方情绪都达到了稳定状态。

临终关怀，是社会对每一位临终社会人注意度的重视，其中很大程度上体现在临终患者和医疗机构两个层次上。自英国桑得斯1958年创立圣瑟夫临终关怀机构后，1974年，美国创立第一家临终关怀医院，截至1997年北京朝阳医院临终关怀病区的建立，类似机构全球已逾万余家。结合晚期癌症患者临终护理的情况，专家认为：了解、熟知患者的心理需求是临终护理的基础；创造优美舒适的环境是临终护理的条件；减轻躯体和心理的痛苦是临终关怀的关键，家属的护理工作是临终护理的重要一环。因此临终一刻是生命的终结，应该庄严、隆重而肃穆，社会关注必不可少，医疗护理及护理手段更为重要。

任　务

请同学们通过网络搜集日本或新加坡从事临终关怀工作的护士访谈录。

模块五 心理护理技能训练

学习目标

1. 掌握护理员日常沟通训练项目
2. 掌握护理员肢体安抚技能项目

老年护理员面对的服务群体是老人，怎样与老人建立良好的沟通、保持健康的关系并使老人获得有效的安抚是护理员的重要任务。身与心，不可分离。因此，通过我们的言语与肢体动作，可以对老人的心理产生很大的影响。本模块将从语言沟通与肢体安抚两方面，训练护理员掌握日常的心理护理技能，从而全方位地呵护老人健康。

训练一 护理员沟通训练

沟通是人与人之间、人与群体之间思想与感情的传递和反馈的过程。通过沟通以求思想达成一致和感情的通畅。沟通是一个过程，可使双方互相了解，透过传达及接收资料讯息，给予及接受对方的指示，互相教导，互相学习，是一个双向的过程。沟通不局限于利用语言，还可以通过手势和动作来表达出事实、感觉和意念。同感是设身处地从对方的角度去看和感受事物，并且正确地传达自己的了解给对方，使其觉得被了解和接受，这是给予对方最大的支持力量。本任务所说的沟通，主要指语言上与服务对象的沟通。

一、老年人沟通特点

随着年龄的增长，老年人的身体出现种种衰老现象，组织器官和生理功能趋向衰退；视觉、听觉功能减退；记忆力减退；专注力下降；部分老年人因疾病出现语言、意识障碍、身体的组织器官衰退、疾病、家庭以及社会环境等多种因素会给老年人带来精神上的困扰。

因此，作为护理人员应对自己护理的老年人有充分的认识，以宽容的心态、以换角色的方式理解对方。

二、与老人沟通的态度

护理员的工作需要得到老年人的支持，因此跟老年人的沟通必不可少，而且显得尤为重要。但是年轻的护理员在跟老年人沟通的时候，往往有点无所适从，护理员在和老年人沟通时，首先要端正自己的态度，做到以下几点。

1. 心态 要和蔼可亲，平易近人，脸上常带微笑，让老人对你有亲切感。

2. 位置 不要让老人抬起头或远距离跟你说话，那样老人会感觉你高高在上，难以亲近，应该近距离弯下腰去与老人交谈，老人才会觉得与你平等，觉得你重视他。

3. 用心交流 你的眼睛要注视对方眼睛，你的视线不要游走不定，让老人觉得你不关注他，同性间可以摸着对方的手交谈。

4. 语言 说话的速度要相对慢些，语调要适中，有些老人听力减退则须大声点，但还要注意观察对方表情和反应，去判断对方需要。

5. 了解情况 要了解老人的脾气、喜好，可以事先打听或在日后的相互接触中进一步慢慢了解。

6. 话题选择 要选择老人喜爱的话题，如家乡、亲人、年轻时的事、电视节目等，避免提及老人不喜欢的话题，也可以先多说一下自己，让老人信任你后再展开别的话题。

7. 真诚地赞赏 人人都渴望自己被肯定，老年人就像小朋友一样，喜欢表扬、夸奖，所以，你要真诚、慷慨地多赞美他，他就高兴，那谈话的气氛就会活跃很多。

8. 应变能力 万一有事谈得不如意或老年人情绪有变时，尽量不要劝说，先用手轻拍对方的手或肩膀做安慰，稳定他的情绪，然后尽快转换话题。

9. 有耐心 老年人一般都比较唠叨，一点点事情可以说很久，你不要表现出任何的不耐烦，要耐心地去倾听他的话。

三、与老年人沟通的技巧

护理员在和老年人沟通时，不仅要做到态度端正，还要善于“察言观色”，充分尊重老年人的个性，可以运用几种沟通技巧与老人进行沟通。

1. 尊重老年人，建立良好的第一印象 心理学研究表明，人人都希望得到他人的尊重，尤其是老年人。在与老年人进行沟通时，首先要做到满足患者对尊重的需求，同时要特别注意自己的仪表、站或坐的姿势，态度要从容镇定、充满自信，给老年人以信任感、安全感。

2. 创造良好的沟通环境，选择时机 创造一个安静、无干扰的环境是良好沟通的开始，而恰当的选择沟通的时机是一种艺术，选择不同的时机会有截然不同的结果。

3. 语言沟通时的注意事项

（1）护理员在与老年人交谈时态度要诚恳，要掌握聆听和打断技巧。

（2）护理员的语音要柔和悦耳，说话语速要慢，吐字要清晰。

（3）在进行语言沟通时，要使老年人家属正确的理解和配合，在交流过程中，尤其是重要事情的沟通，家属的配合和理解是非常重要的。

4. 利用非语言沟通技巧辅助语言沟通 与口头沟通比较，身体语言更能表达情感兴趣，能加强语言沟通的效果。

5. 特定情况使用书面沟通 有部分老年人听觉下降，无法正常交流，这时就需要护理员使用书面沟通。护理员在和老年人进行书面沟通时应该注意：

（1）了解老年人受教育程度，尽量使用生活化用语，切莫使用晦涩难懂的词汇。

（2）书面沟通时，可以适当加入图片，表达更形象直观。

（3）护理员要注意书面沟通字体的大小。由于老年人视觉也会下降，绝大部分老人是远视，因此，护理员在书面沟通时，要注意字体大小是否合适。

（4）字迹工整，便于阅读。

总之，护理员与老年人良好的沟通，可使老年人感受到支持，促进相互理解，有利于老年人的身心健康。做好与老年人的良好的、有效沟通需要护理员在工作中不断学习、改进和提高。

四、沟通训练

（一）孤独老人日常陪伴

护理员：陈奶奶，您好！

陈奶奶：你好！你好！你来陪我晒太阳了？

护理员（到陈奶奶身边坐下）：是啊。您今天过得开心吗？

陈奶奶（伤感）：开心是开心，就是不知道我儿子媳妇在外地打工过得好不好？

护理员：陈奶奶，您不用担心，如果您想他们了，我可以帮您给他们打电话呀！他们肯定也很挂念你呢！

陈奶奶：真的？那太谢谢你了！

护理员：不客气。陈奶奶，您吃饭了吗？

陈奶奶：吃了。

护理员：您肠胃不好，吃东西的时候要细嚼慢咽，这样才有助于消化吸收。

陈奶奶：好的，我知道了。

护理员（起身，准备离开）：那您再坐会儿，我去看看其他爷爷奶奶。

陈奶奶：好的。

（二）轮椅运送时的沟通

护理员（亲切地笑）：李大爷，您好！

李大爷：你好！

护理员：今天食堂准备了好吃的饭菜，我要用轮椅推您去吃饭，好吗？

李大爷：好的。

护理员：轮椅我已经检查过了，非常好，我扶您坐上去吧。（扶李大爷）来，请您把双手放到我的肩上，我扶您到轮椅上。李大爷，您人尽量往后靠，把手放在轮椅把手上，把脚放在脚踏板上。对，非常好，李大爷，外面天气很冷，我把毛毯给您盖好保暖。

李大爷：好！好！好！这样非常暖和。

护理员：请坐好，我们准备出发了。

李大爷：好的。

（吃完饭后）

护理员（边推轮椅边说）：李大爷，今天的饭菜还合您口味吗？

李大爷：合适，合适，特别好吃。

护理员：那李大爷，我先推您回去休息。（走到房间门口）现在到您的房间了。我先替您把毛毯取下，请把双手放在我的肩上，我扶您到床上。您好好休息，一会儿我再来看您。

李大爷：好的。谢谢你！

（三）床上擦浴

护理员：秦阿姨，您好！我来帮您擦洗身体了，让您舒适一些。您长期卧床，需要在床上给您擦浴，请您配合我，好吗？

秦阿姨：好的，谢谢！

护理员：秦阿姨，您现在需要大小便吗？（关门窗，调节室温，屏风遮挡）如果您要大小便我现在帮您，一会儿擦拭身体的时候，再大小便容易引起感冒。

秦阿姨：不需要。

护理员：我先给您清洗脸部。让我来帮您脱衣服，先把右手抬起脱衣袖，再抬左手。您配合得很好。请抬一下，我把浴巾垫在您的身下。（擦洗）这样力度和水温合适吗？

秦阿姨：合适。

护理员：请侧身向对侧，我给您擦洗和按摩背部。

秦阿姨：好的。

护理员：秦阿姨，上身擦洗完了。请平卧，我帮你穿上衣服，先抬左手，再抬右手，您配合得很好。秦阿姨，现在我要为您脱下裤子，清洗下肢……我已把小毛巾清洗，请您自已擦洗一下下身。

秦阿姨：好，可以。

护理员：秦阿姨，现在已擦洗完毕，衣裤已整理好，您现在感觉舒服吗？还有什么需要吗？（整理床单，开门窗透风）

秦阿姨：舒服多了，没什么需要了，谢谢你！

护理员：您好好休息，过两天我再来给您擦洗身体。

秦阿姨：真是辛苦你了。

（四）口服给药时的沟通

护理员：王爷爷，您的胃还疼吗？

王爷爷：好多了，就是饭前饭后还是疼得厉害。

护理员：您得的是胃溃疡，这种病不是短时间就可以痊愈的，需要多吃几天药。这是医生给您开的胃必治，需要饭后服用，我协助您服下吧。（帮王爷爷倒开水）

王爷爷：好，那我一天吃几次呢？

护理员：一天吃 3 次，每次 2 片，饭后用温水服用。您吃了以后可能有腹泻、恶心的现象，这些停药后就消失了，不用担心。

王爷爷：吃这个药能治好我的胃病吗？

护理员：王爷爷，只要您保持乐观的心态，健康的生活规律，配合医生的治疗，我想您很快胃溃疡就好了（安慰地笑）。

王爷爷：这样我就放心了，我不能让儿子、媳妇过年回来，看到我担心。

护理员：王爷爷，给您水，您把药先吃了，这样好得快（看着王爷爷把药吃完）。王爷爷，这个药每天必须按时服用，等吃完晚饭，我再把晚上的药给您送过来！（关上门）

（五）沟通训练评分

护理员完成训练后，对其评分。

沟通训练评分标准

项目	标准	分数
语言（30 分）	语言流畅，用词合理，说话有逻辑性	
肢体（30 分）	体态合理，举止大方，保持合理的距离	
表情（10 分）	有笑容，表情自然、有亲和力	
内容（20 分）	符合日常交流，突出职业特点	
合作（10 分）	团队合作好，跟“队友”合作自然得体	

训练二　护理员安抚技能训练

肢体安抚对于越来越无法表达和理解谈话内容的老年人来说极其重要。通过护理员与老年人间肢体的接触，可有效减轻老年人的焦虑，使老年人情绪平缓而放松，同时也能促进双方的相互理解，消除误会。有时，语言上的安抚未必会奏效，此时，肢体上的安抚能传达的温暖与信息比语言来得更快且更见效。

一、常用安抚技能

我们在养老院里常常使用到四种肢体安抚技能：触摸、头部经理梳理、柔性拍打、艾灸。

1. 触摸　触摸可表达触摸者对老人的关爱，而触摸他人或事物则可帮助老人了解周围环境，肯定其存在价值。但由于老化衰弱而使用的一些物理器具，例如安乐椅、轮椅或床栏杆等，虽对老人的日常生活有协助和保护作用，却使其活动受限，并剥夺了其被触摸的机会。另外，疾病也会限制老人触摸的能力。然而，触摸并非万能，倘若使用不当，可能会增加躁动或触犯老人的尊严等。操作要点我们将在实训中详细说明。

2. 头部经络梳理　头部经络梳理有激发老人全身阳气的保健作用，对降压、头部缺氧、舒缓情绪也有很大的帮助。护理员可每日为老人梳头早晚各一次，增进与老人的感情。

3. 柔性拍打　当老人处于焦虑、紧绷状态时，身心都难以放松，通过拍打特定的部位，能有效缓解老人的紧张，使其放松。

4. 艾灸　艾灸是借助艾条或温灸盒施以艾灸，直接或间接地以适当温热，刺激人体穴位的中医疗法，进行养生保健。它通过经络的传导，温阳补气、消瘀散结、健身防病，在我国已有数千年历史。艾灸最早记录于《足臂十一脉灸经》。据研究表明，灸的发明应是原始人用火时，某一部位的病痛受到火的烘烤而感舒适，便主动用火烧灼治疗更多病痛。后结合中医产生艾灸这种神奇的治疗手段。中医经典巨著《黄帝内经》曰“针所不为，灸之所宜”，《医学入门》亦说：“药之不及，针之不到，必须灸之。”可见灸法很早就被人们所重视，其安全性高、无毒副作用、养生保健效果好，因此流传很广。

当老年人处于紧张状态时，护理员为其艾灸特定部位，通过热力与药力的渗透，可起到放松与镇静的作用。

二、实操训练

（一）触摸

1. 操作要点

（1）首先了解老年人的社会文化背景，尊重老年人的尊严。

（2）确定老年人知道触摸者的存在方可触摸。

（3）注意保护老年人易脆破的皮肤。

（4）触摸部位不涉及老年人私密部位。

（5）护理员的手保持温暖，触摸力度合适。

（6）对老年人的触摸予以正确的反应。

2. 操作步骤

（1）渐进地开始触摸，并持续观察老年人的反应。

（2）从单手握老年人的手到双手合握。

（3）从手，到手臂，到背部，到肩膀。头部一般不宜触摸。

（4）触摸过程观察老年人面部表情和被触摸的部位是否松弛（表示接受且舒适）。如果紧绷（表示不适），身体姿势是退缩向后靠，则要注意调整触摸的部位或停止触摸。

（二）头部经络梳理

1. 工具介绍

（1）牛角梳齿面：用于头部经络梳理。齿宽、齿钝，梳头时应有一定按压力（图 5-1）。

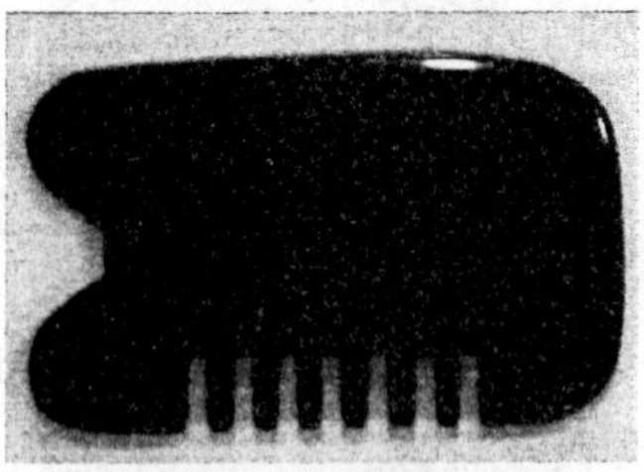

图 5-1　牛角梳

（2）牛角梳鱼尾：用于穴位的点按，以及头部经络窄面的梳理。

2. 操作要点

（1）梳理头部经络时要有一定按压力。

（2）节奏舒缓。

（3）注意询问老年人的感受并适当作出调整。

图 5-2　端坐

3. 操作步骤

（1）先请老年人放松地坐在椅子上（图 5-2）。

（2）护理员站于老年人左侧，全身放松，做好梳理头部经络的准备（图 5-3）。

（3）拿起专用牛角梳，注意用示指轻扶住牛角梳尾，便于控制力度（图 5-4）。

（4）用右手轻扶住老年人额头，左手梳头（图 5-5）。

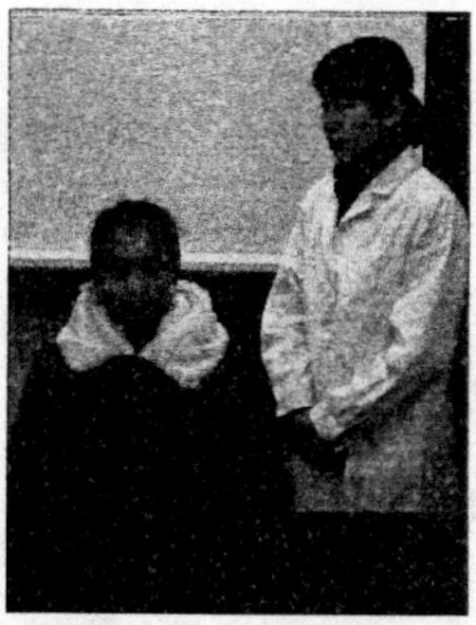

图 5-3　梳头前准备

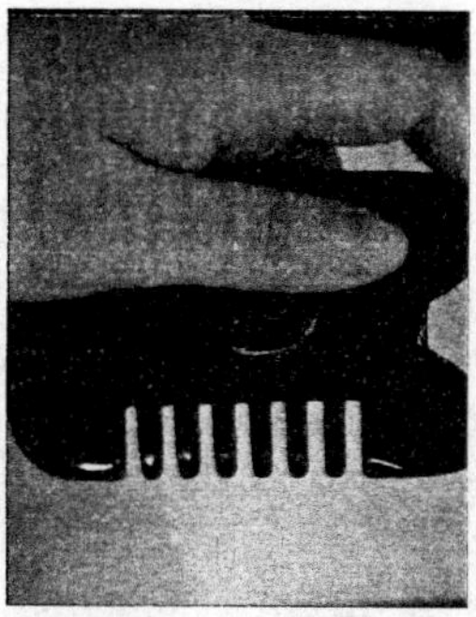

图 5-4　梳头工具

图 5-5　放松头皮

（5）从头部左侧靠近左耳的发际线开始，放松头皮，力度合适（图 5-6）。

（6）从左向右依次放松（图 5-7）。

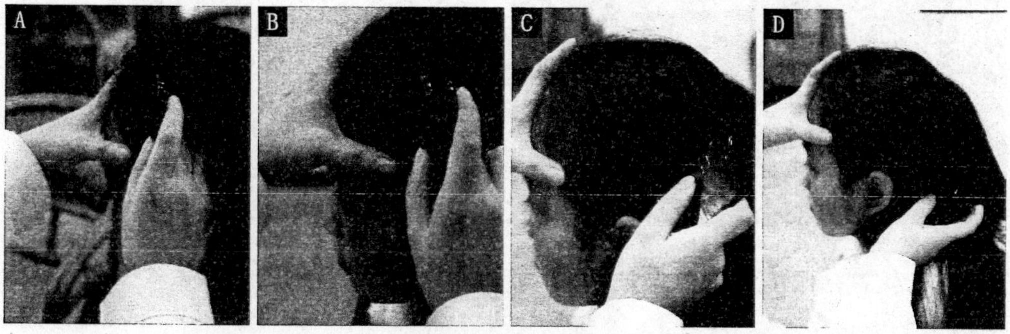

图 5-6　放松左侧头皮

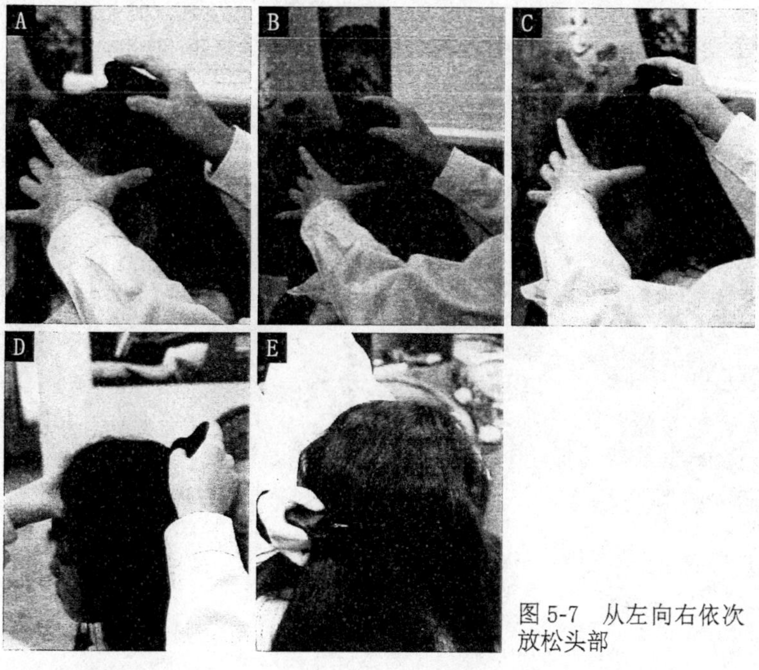

图 5-7　从左向右依次放松头部

（7）逐步向右侧梳的过程中，可换到老年人右侧站立，用左手进行操作（图 5-8）。

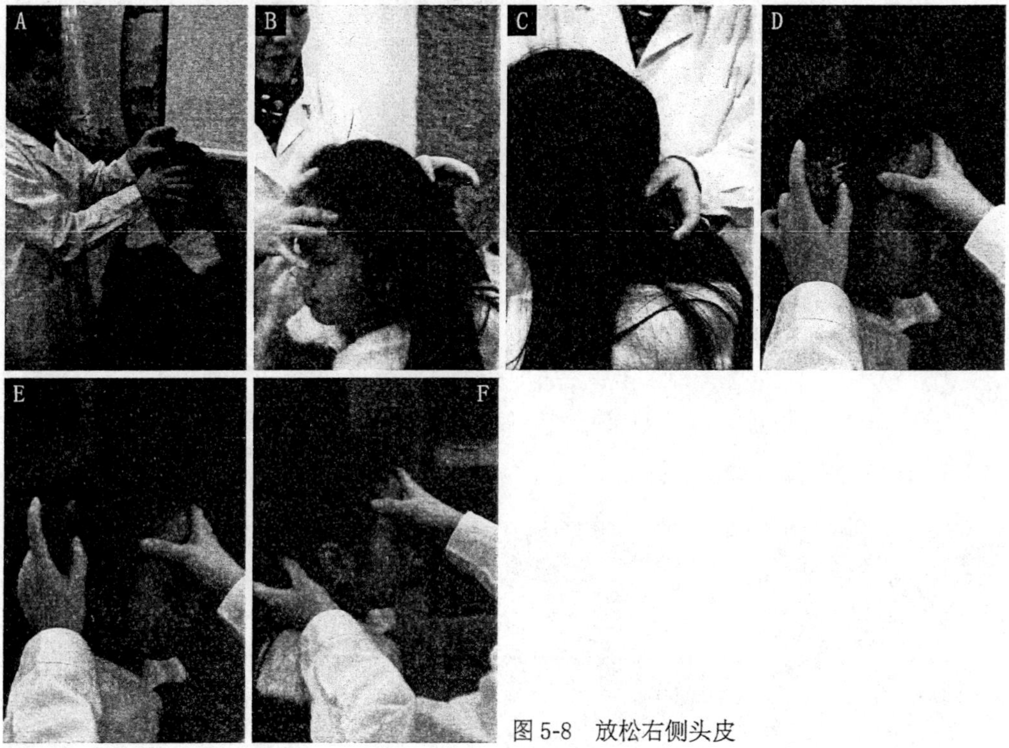

图 5-8　放松右侧头皮

（8）放松完头皮后，定点百会穴。护理员双手中指指尖对应老年人耳尖，大拇指相聚的点便是百会穴（图 5-9）。

（9）以百会穴为中心点，有一定按压力地向左侧梳 3cm 左右的长带，30 次（图 5-10）。

（10）以百会穴为中心点，向后、右、前三个方向依次梳 30 次。方法同上。

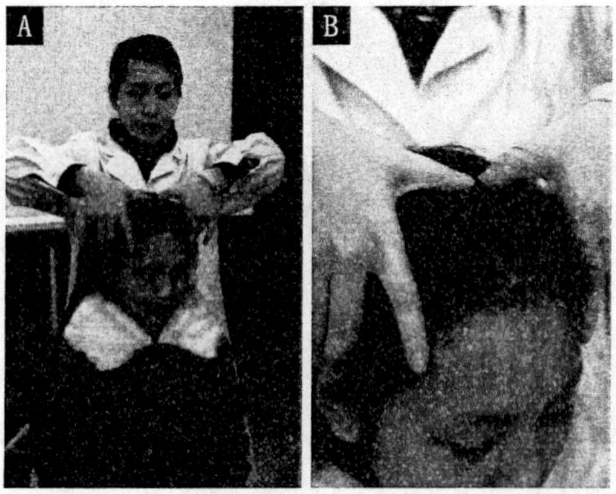

图 5-9　定位百会穴

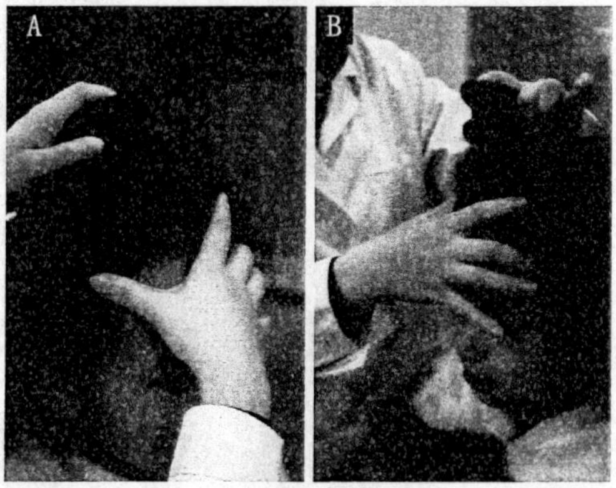

图 5-10　梳理百会穴

（11）定位神庭穴（图 5-11）。

（12）以神庭穴为起点，用牛角梳尾来回梳发际线 1cm，30 次（图 5-12）。

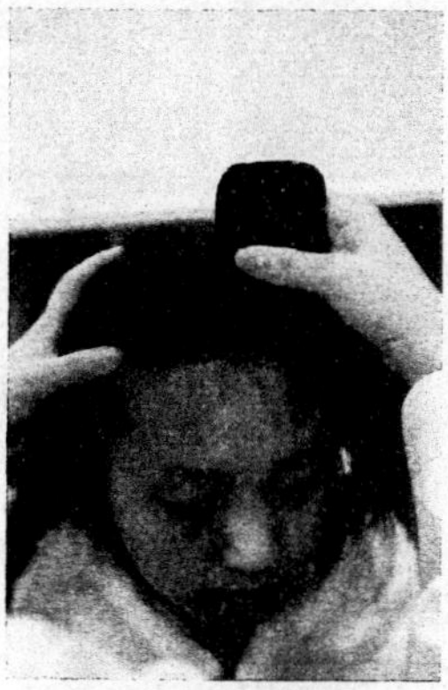

图 5-11　定位神庭穴

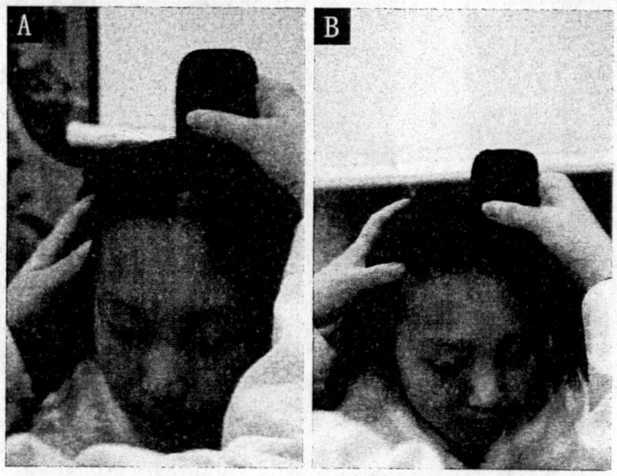

图 5-12　来回梳发际线

（13）以神庭穴为起点，向左侧慢慢移动，梳额旁（图 5-13 A 至 D）。

（14）以神庭穴为起点，向右侧慢慢移动，梳额旁（图 5-13 E 至 F）。

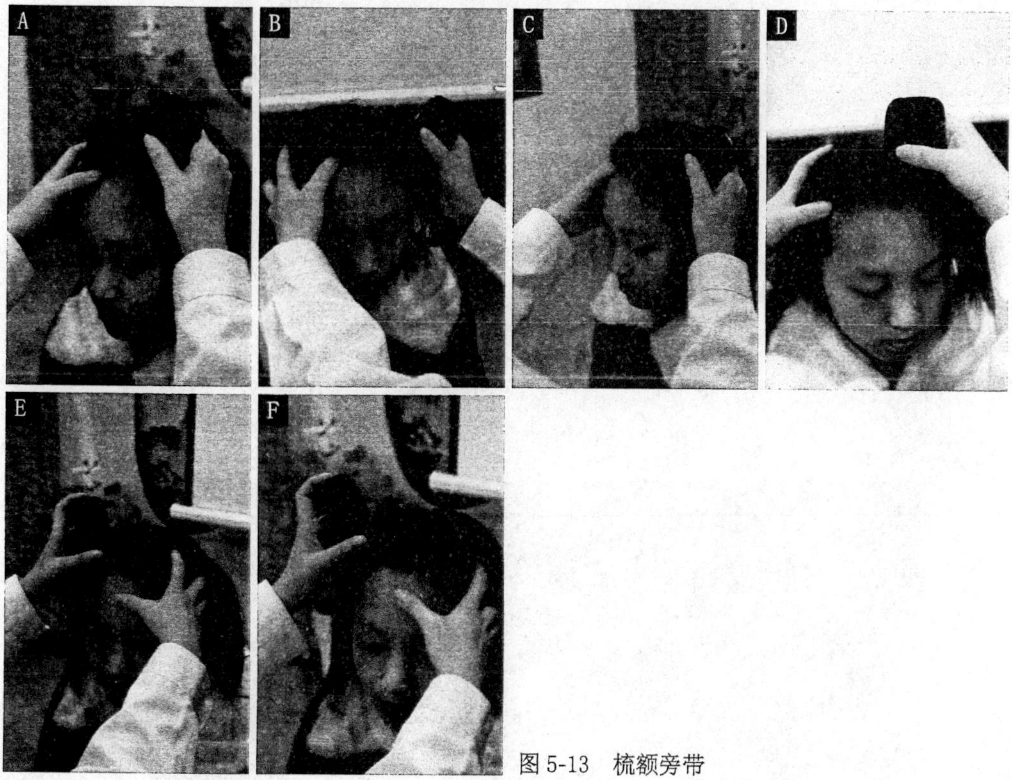

图 5-13　梳额旁带

（15）定位枕骨（图 5-14）。

（16）从左侧枕骨开始，向下梳至后脑发际线，重复 8 次（图 5-15）。

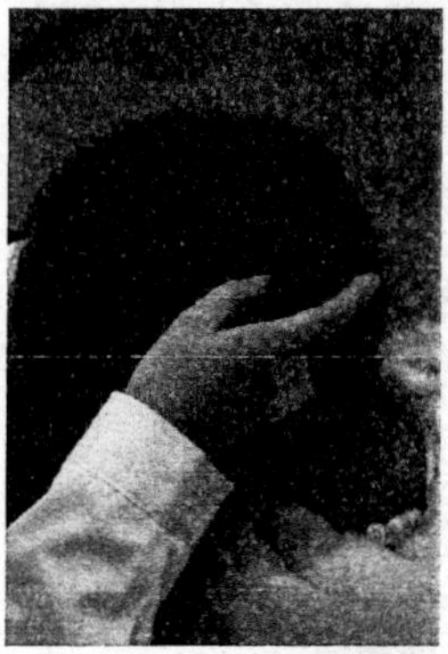

图 5-14　定位枕骨

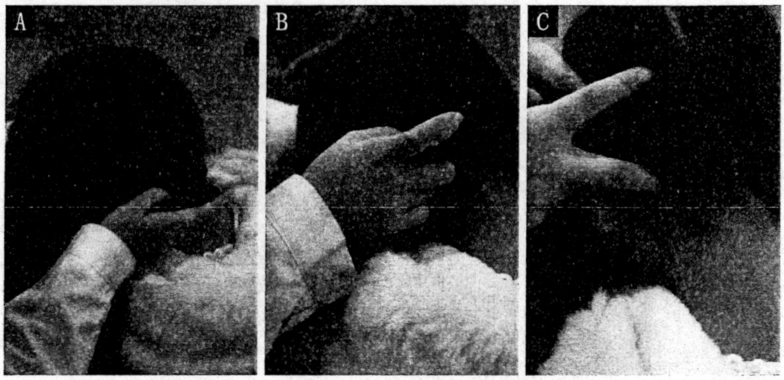

图 5-15　梳左侧枕骨

（17）定位左侧风池穴（图 5-16）。

（18）重点梳风池穴，用力方向斜向脑内，重复 8 次（图 5-17）。

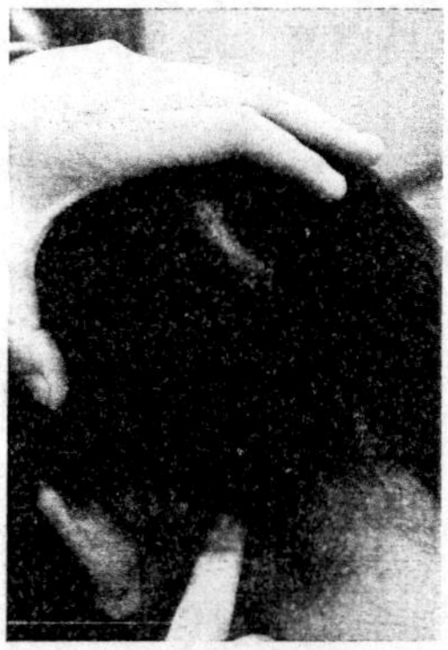

图 5-16　定位左侧风池穴

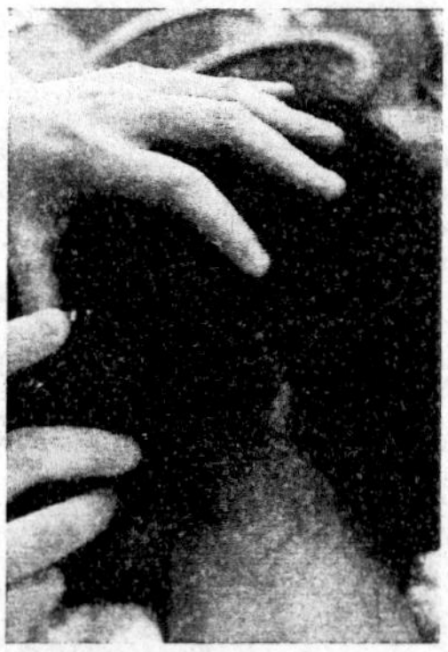

图 5-17　梳左侧风池穴

（19）从右侧枕骨开始，向下梳至后脑发际线，重复 8 次。方法与梳左侧一致（图 5-18）。

（20）定位右侧风池穴（图 5-19）。

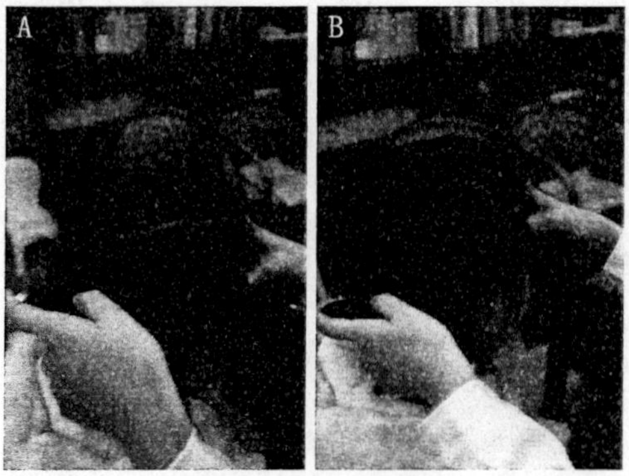

图 5-18　梳右侧枕骨

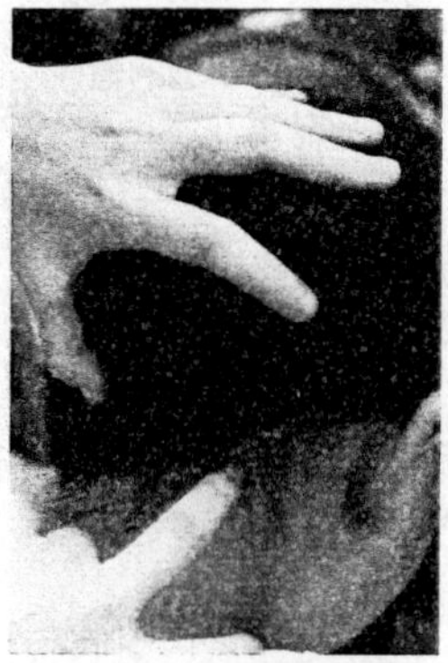

图 5-19　定位右侧风池穴

（21）重点梳右侧风池穴。方法同第 16 步（图 5-20）。

（22）再次放松头皮。方法同第 4 步。

（23）用掌心轻拍百会穴。注意，用力适中，且力量有渗透性（图 5-21）。

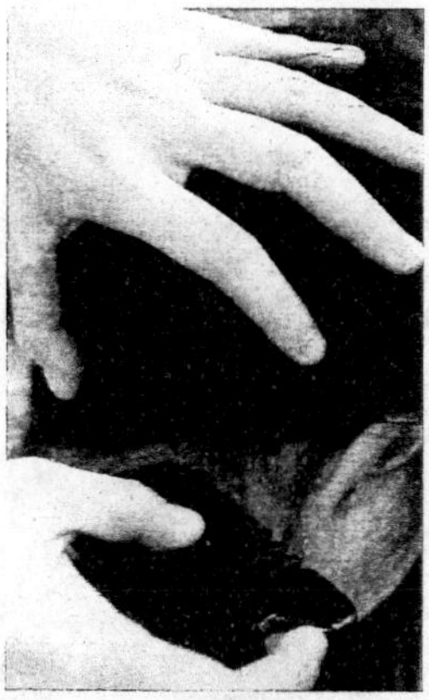

图 5-20　梳右侧风池穴

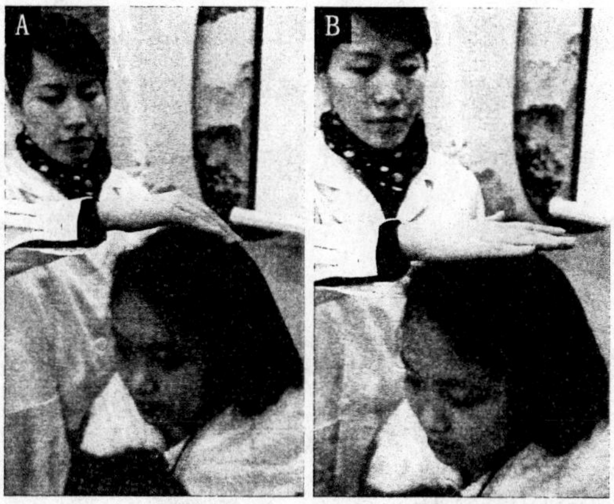

图 5-21　轻拍百会穴

（三）柔性拍打

1. 操作要点

（1）用力均匀，手稳。

（2）力度适中，不使用大力、猛力。

（3）护理员使用三角掌为老人进行拍打（图 5-22A），忌手指张开（图 5-22B）。

（4）护理员的正确站姿：双脚平分，大致与肩同宽，双肩自然下垂，腋下悬空，全身放松、不紧绷（图 5-23）。

（5）操作过程中，询问老人的感受并适时作出调整。

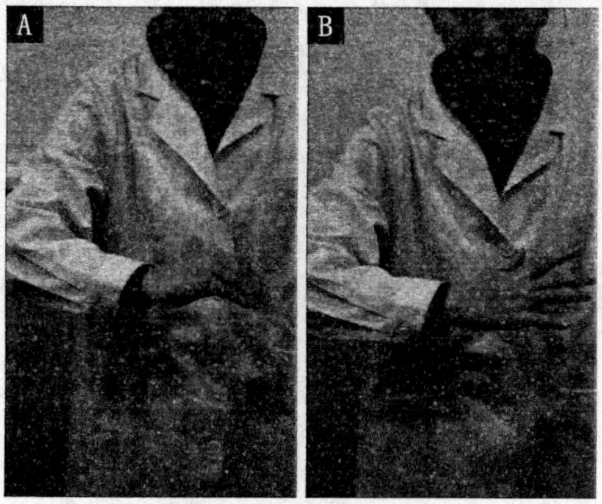

图 5-22　柔性拍打手势
A. 正确三角掌；B. 错误掌式

图 5-23　正确体态

2. 操作步骤

（1）定位大椎，即第 7 颈椎（图 5-24）。

（2）拍打大椎 30 下。注意前 5 下用力较轻，目的是给予被拍打者一个开始被拍打的信号。护理员站在老人的左侧（图 5-25）。

（3）拍打右侧颈肩 20 下（图 5-26）。

（4）沿肩胛骨内侧缘，依次由内向外移动，顺时针拍打至肩胛骨缘，36 圈（图 5-27）。

（5）换拍打左侧。护理员换位站到老人右侧，用左手为老人逆时针拍打肩胛骨缘。方法同（3）、（4）步。

（6）再次拍打大椎 9 下，起到放松舒缓的作用。方法同（1）。

（7）拍打颈肩可辅助老年人坐位或站位（图 5-28）。

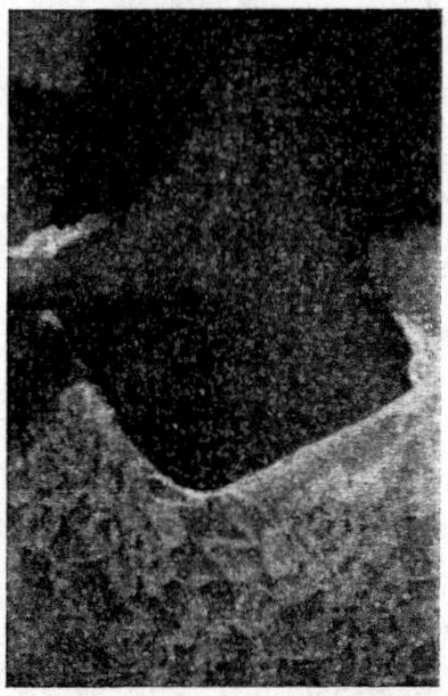

图 5-24　定位大椎穴

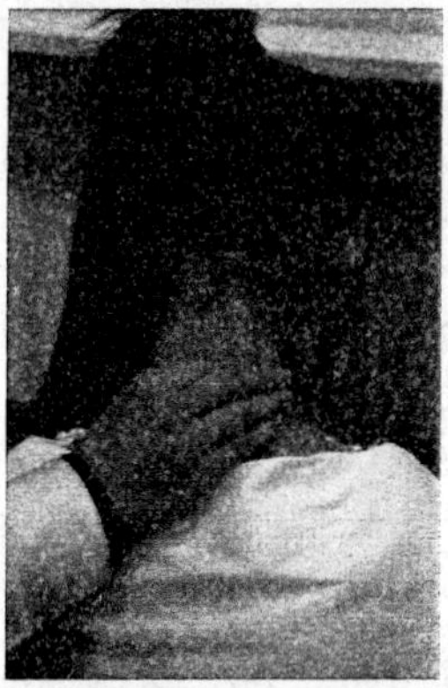

图 5-25　拍打大椎穴

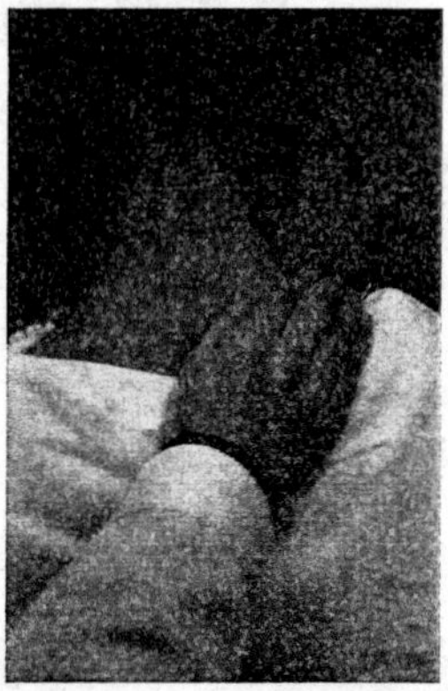

图 5-26　拍打右颈肩

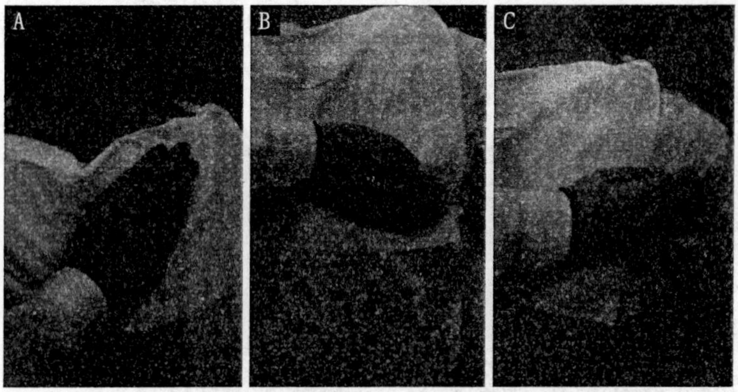

图 5-27　顺时针拍打肩胛骨缘

图 5-28　拍打时站姿

（四）艾灸

1. 工具介绍

（1）艾条。用于艾灸操作。

（2）不锈钢碗。用于盛放艾条和艾灰，防燃。

（3）不锈钢匙。用于刮拭艾灰。

（4）不锈钢叉。用于固定艾条，一般在艾条使用后期，不便于手持时，将叉插入小艾段内，手持叉继续进行艾灸。这样既可避免烫手，又可使艾条物尽其用。

（5）托盘。用于盛放艾灸所需的用具（图 5-29）。

图 5-29　艾灸工具

2. 操作要点

（1）在房内进行操作，注意既要有一定的通风，但也要防风。切忌让老年人背对敞开的门窗。

（2）艾灸时操作者佩戴口罩。

（3）艾灸时，操作者手稳，温度合适。注意观察艾灰的情况，及时刮去艾灰。

（4）艾灸的基本手法：托法（图 5-30），拿法（图 5-31），竖持法（图 5-32）。

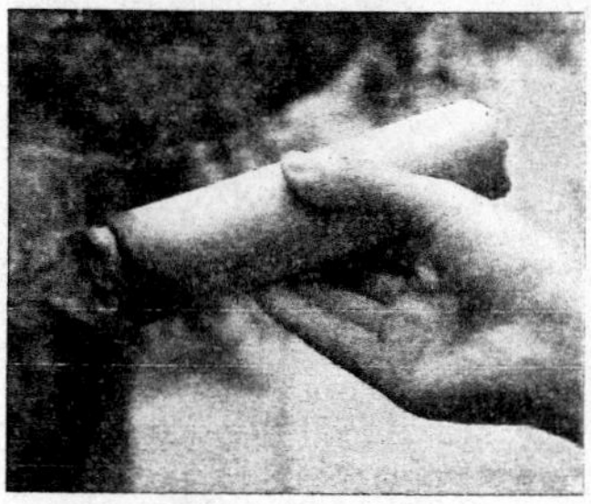

图 5-30　托法

图 5-31　拿法

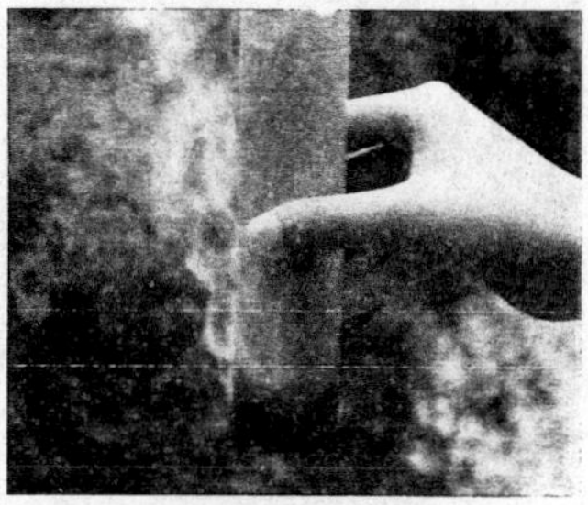

图 5-32　竖持法

（5）刮灰基本手法：左手持艾条，右手持不锈钢匙，将不锈钢匙紧贴艾条头，对着不锈钢碗刮去艾灰。注意：动作稳健，避免艾灰四处飞散（图 5-33）。

（6）小心盛放燃烧中的艾条（图 5-34）。

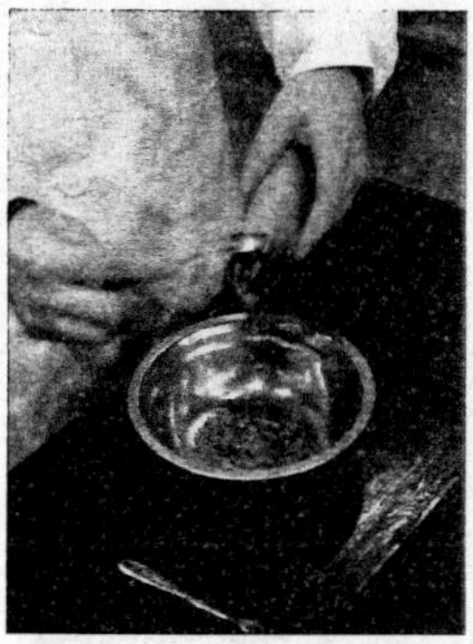

图 5-33　刮灰

图 5-34　正确盛放燃烧中的艾条

（7）操作完毕，将燃烧的艾条放入不锈钢盒，盖上盒盖。隔绝空气后，几分钟内艾条自行熄灭。

（8）艾条是可燃物，在操作过程中护理员要注意防火。

（9）正确体态与姿势

1）操作前护理员双腿平分与肩同宽，脚尖不要内八字或外八字，身体放松，身正，双肩自然下垂（图 5-35）。

2）右手持艾条，眼睛注视艾条的燃烧情况。

3）左手轻握拳，背在腰后（图 5-36）。

4）右手持艾条注意腕关节、肘关节保持水平（图 5-37），尤其注意手腕不要向上翘起（图 5-38）或向下倒腕（图 5-39）。

5）打开肩关节，腋下虚空（图 5-40），不要夹紧腋下（图 5-41）。

6）坐位艾灸时，仍然保持双脚打开、身正腰直。要领与站姿一致（图 5-42）。

（10）艾灸结束后 2 小时，老年人可洗澡。

图 5-35　站姿正面观

图 5-36　站姿背面观

图 5-37　正确拿法

图 5-38　上翘（错误）

图 5-39　下倒腕（错误）

图 5-40　打开腋下

图 5-41　错误姿势（腋下夹紧）

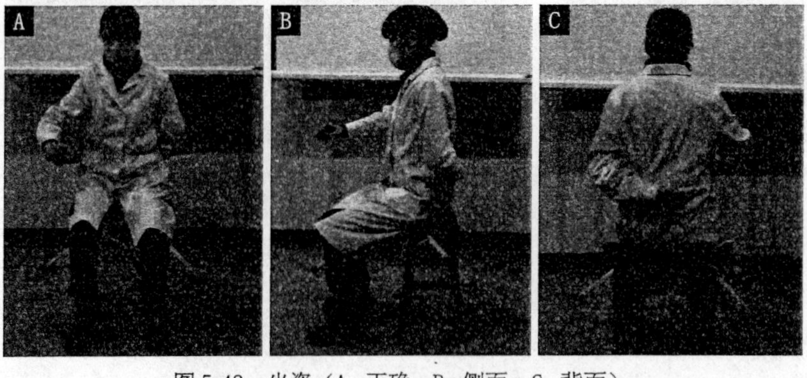

图 5-42　坐姿（A. 正确；B. 侧面；C. 背面）

3. 操作步骤

（1）定位大椎穴，即第 7 颈椎（图 5-43）。

（2）以大椎穴为起点，绕大椎穴、颈肩连线顺时针打圈艾灸。顺时针绕圈 36 圈，注意关注老人艾灸时皮肤的温热感受，避免烫伤（图 5-44）。

（3）适当按揉大椎穴（图 5-45）。

（4）打圈结束后，拍打大椎穴 9 下，起到再次放松的作用（图 5-46）。

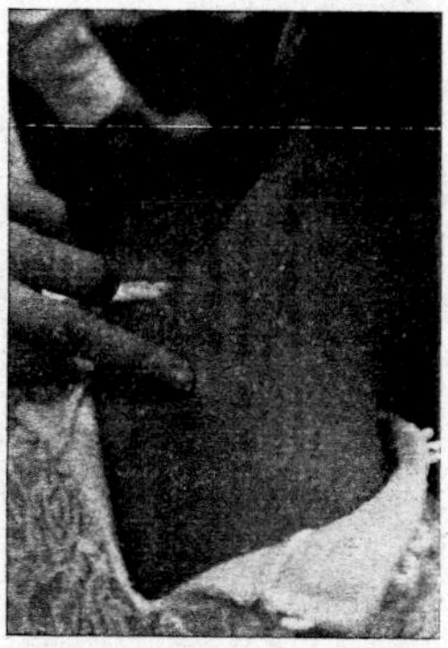

图 5-43　定位大椎穴

（5）以同样手法以腰椎为中心艾灸老人腰部，顺时针打圈 36 圈（图 5-47）。

（6）结束。帮助老人整理好衣服。

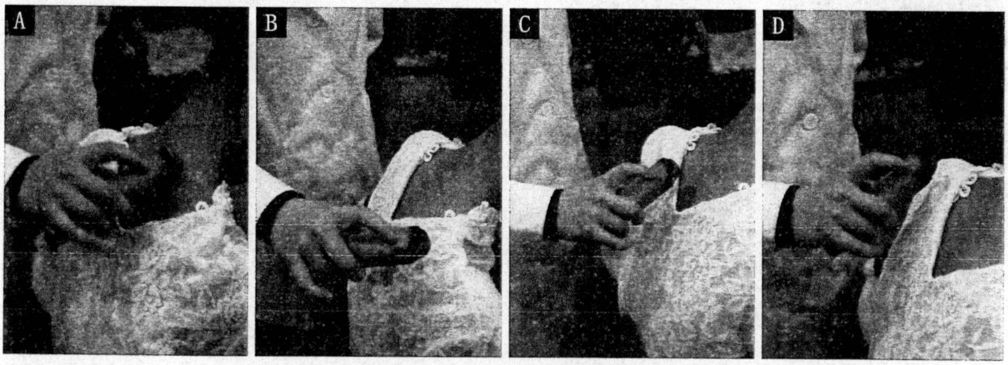

图 5-44　灸大椎穴周围

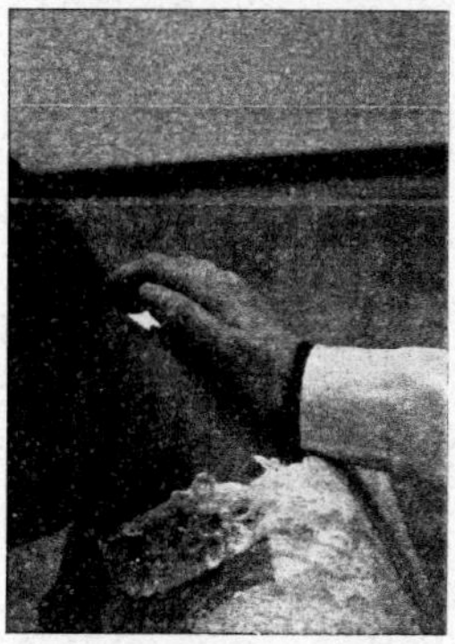

图 5-45　按揉大椎穴

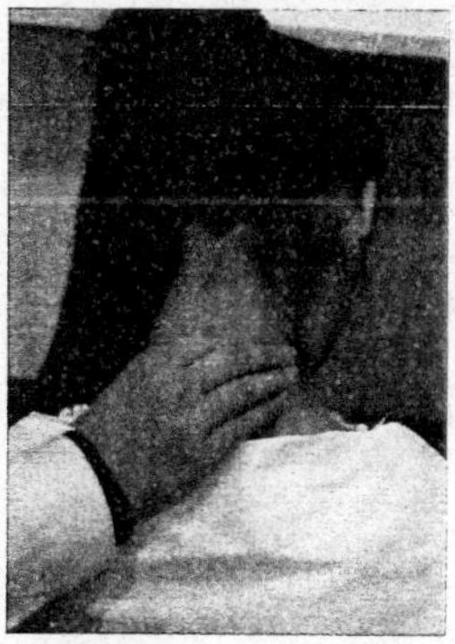

图 5-46　拍打大椎穴

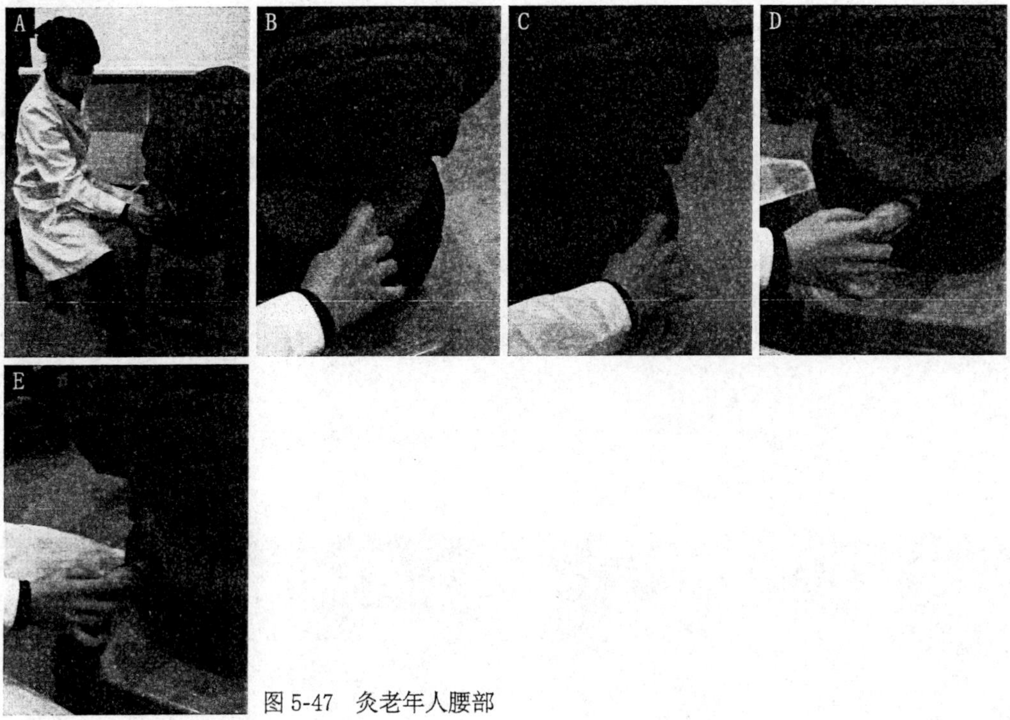

图 5-47　灸老年人腰部

（五）安抚技能训练评分

护理员完成训练后，对其评分。

安抚技能训练评分标准

项目	标准	分数
流程（30 分）	流程完整、正确	
力度（30 分）	用力均匀，力度合适，不使用暴力、猛力	
温度与节奏（10 分）	温度合适，节奏舒缓，让人感觉放松	
重要部位（10 分）	穴位点按准确	
安全（20 分）	操作中询问老人感受并作出调整，注意避风，注意操作安全，操作结束后嘱咐	

参考文献

Beers Mark H. 2008. 默克老年健康手册 . 北京 : 人民卫生出版社

陈露晓 . 2009. 老年人的生死心理教育 . 北京 : 中国社会出版社

陈露晓 . 2009. 老年期生理、心理变化及应对 . 北京 : 中国社会出版社

化前珍 . 2012. 老年护理学 . 第 2 版 . 北京 : 人民卫生出版社

李玉玲 . 2006. 社区老年护理 . 北京 : 中国协和医科大学出版社

朴顺子，尚少梅 . 2011. 老年人实用护理技能手册 . 北京 : 北京大学医学出版社

孙颖心 . 2007. 老年心理学 . 北京 : 经济管理出版社

习米纳 . 2010. 养老院的故事 . 北京 : 中国社会出版社